新経済学シリーズNo.4

不況・税・国債・福祉の経済政策

新経済原理によるユニークな景気対策

五藤榮一

22世紀アート

まえがき

　本書は、「新経済学シリーズNo.1ヒミコの国の経済学」からスタートしたシリーズの No.4 です。ここまで考察した新しい経済理論から導かれる、不況克服の経済政策、新アイディアの画期的な経済政策を提案したものです。

　経済政策は、まず投資を考えるべきだという考えもありますが、設備投資をどんどん増やして好況を作ろうとすると、一旦は好況になっても、すぐに不況へ向かうことになります。この展開は、「新経済学シリーズNo.1ヒミコの国の経済学」の、女王ヘミコ・ホミコの治世での失敗例に、その姿を見ました。その原理は、消費財生産割合回帰の原理と名付け、考察したところです。

　本書では、その考察をふまえ、好況のために、労働分配率×消費性向、をいかに引上げるかという観点から、始めています。設備投資のアップは、基本的には消費需要のアップによって生まれてくるという考え方です。投資についての経済政策に関心がある方は、第2章第5節「研究開発の促進と投資有価証券保有税」、の優遇有価証券についての提案をみていただきたいと思います。

　具体的な、経済政策は、第2章から展開していますから、具体

3

的にどのような経済政策が提案されているかに興味がある方は、第2章から読み始めるのが、おすすめとなります。

　本書も、シリーズ No. 1 で進めた流れに従って、私、学生 S と、墓参りで遭遇することになった祖父の亡霊 G との対話として、展開することとしました。

目　次

第1章　経済政策とその効果

第1−1節　労働分配率の原理

G：「不況を克服するための経済政策を考えよう。そのために、経済の基礎理論を復習することから出発しよう。」

S：「『ヒミコの国の経済学』（新経済学シリーズ No.1）では、労働分配率の原理を考察しました。」

G：「ヒミコの国の考察では、消費財の生産額より、賃金が多ければ、好況傾向になるというのが労働分配率の原理だった。」

S：「言い換えれば、消費財生産割合より労働分配率を高くすれば、好況傾向になるということで、以下のようでした。」

　　　　　　＜労働分配率の原理＞　　ヒミコの国の経済
消費財生産割合＝消費財付加価値生産額／総付加価値
労働分配率　　　＝賃金／総付加価値
　　　　と定義すると
労働分配率　＞消費財生産割合　　つまり
　　　（賃金＞消費財生産額）　　　　ならば、好況傾向に、
労働分配率　＜消費財生産割合　であれば、不況傾向になる。

G：「前ページの原理は、ヒミコの国での話だが、現在の資本主義経済では、賃金のすべてが消費に回るわけではない。」

S：「そうです、賃金のうち貯蓄されてしまう部分ができるので、消費に回るのは、賃金の一部です。消費財需要＝賃金×消費性向、となります。」

G：「上記ヒミコの国の労働分配率の原理の、労働分配率を置き替えて、消費財需要分配率（＝労働分配率×消費性向）に変えなければならない。」

S：「消費財生産割合より、労働分配率×消費性向、が大きければ好況傾向になるという、記述になります。」

G：「そうすると、労働分配率の原理は以下のように要約される。」

＜労働分配率の原理＞　税金を考えない経済
消費財生産割合 δ＝消費財付加価値生産額／総付加価値額
労働分配率 ρ＝賃金／総付加価値額
消費財需要分配率 θ＝労働分配率 ρ×消費性向 μ
　　　　　　　　　　　　　　　　と定義すると
消費財需要分配率 θ＞消費財生産割合 δ　つまり
　　（賃金×消費性向＞消費財生産額）　なら好況傾向、
消費財需要分配率 θ＜消費財生産割合 δ　なら不況傾向
　　　　　　　　　　　　　　　　　　になる。

S：「これが、税金を考えていない場合の、労働分配率の原理と

いうことです。さらに、税金と財政支出を含めて、労働分配率の原理を考えると、消費財需要には、財政消費を含めなければなりません。」

G：「そうすると、消費需要＝賃金×消費性向、という定義は変化して、消費財需要＝賃金×消費性向 ＋ 財政消費、となる。」

S：「財政消費とは、財政支出の内、消費財の支出に回った金額ということで、公務員賃金は含みませんが、公的資本形成分（公共の建物や道路や橋などの工事費用）は最終消費ですから、財政消費に含めて考えます。」

G：「消費財生産額より消費財需要が多ければ、好況傾向になるというところは、税金を考えていない労働分配率の原理と変わらないのだが、消費財需要の中身に財政消費が加わり、賃金にも公務員賃金が加わることになる。」

S：「その結果、税金がある経済の労働分配率の原理は次のように変わった。（新経済学シリーズ No.2）」

＜労働分配率の原理＞　　　　税金がある経済
消費財生産割合 δ ＝消費財付加価値生産額／総付加価値額
労働分配率 ρ ＝税引後賃金／総付加価値額
財政消費分配率 θf ＝財政消費支出／総付加価値額
消費財需要分配率 θ
　　＝労働分配率 ρ ×消費性向 μ ＋財政消費分配率 θf
　　　　　　　　　　　　　　　　　　　　と定義すると
　消費財需要分配率 θ ＞消費財生産割合 δ　つまり
　税引後賃金×消費性向+財政消費＞消費財生産額
　　　　　　　　　　　　　　　　なら好況傾向、
　消費財需要分配率 θ ＜消費財生産割合 δ　なら不況傾向
　　　　　　　　　　　　　　　　　　になる。

G：「さらに、貿易までを考えると、以下のようになる。」

＜労働分配率の原理＞　　貿易までを考えた経済
消費財生産割合 δ ＝消費財付加価値生産額／総付加価値額
労働分配率 ρ ＝税引後賃金／総付加価値額
財政消費分配率 θf ＝財政消費支出／総付加価値額
消費財貿易収支＝輸出－消費財輸入
消費財貿易収支分配率＝消費財貿易収支／総付加価値額
消費財需要分配率 θ ＝労働分配率 ρ ×消費性向 μ
　　　　　+財政消費分配率 θf +消費財貿易収支分配率
　と定義すると
　消費財需要分配率 θ ＞消費財生産割合 δ　つまり
　税引後賃金×消費性向＋財政消費＋消費財貿易収支
　　　　　　　　　＞消費財生産額
　　　　　　　　　　　　　　　なら好況傾向、
　消費財需要分配率 θ ＜消費財生産割合 δ　なら不況傾向
　　　　　　　　　　　　　　　　　になる。

＜不況からの脱却＞

G：「しかし、消費財生産割合回帰の原理（新経済学シリーズ No.1 第 3 章第 2 節）で考察した結論になるが、消費財生産割合 δ は、設備投資の増加によっていったんは下げることができても、元へ戻るもので、消費財生産割合 δ を下げ続けることができない。」

S：「設備投資を増やすと消費財生産割合 δ はいったん下がるのは確かで、好況へシフトするのですが、設備投資の増加率が大きく増え続けない以上、消費財生産割合 δ は上がってしまうという、この消費財生産割合回帰の原理は、今まで取り上げられなかった現象で、注目すべき重要ポイントで、いうなれば新発見だといってもいいでしょう。」

G：「消費財生産割合 δ を操作できないとすれば、結局は、消費財需要分配率 θ を上げるという方法でしか、不況傾向からの脱却はできないことになる。」

S：「それが、新しく注目しなければならない　原理です。」

G：「消費財需要分配率 θ ＝労働分配率 ρ ×消費性向 μ

　＋ 財政消費分配率 θf ＋ 消費財貿易収支分配率 θo　----①

　この、労働分配率の原理の①式の消費需要分配率 θ を大きくしなければ、不況から脱却することはできないという結論が、この本（新経済学シリーズ No.4）の出発点になる。

　ここから出発して、本書で展開する新原理によるユニークな

景気対策、を考える道を進むことにしよう。」

S：「労働分配率を構成する消費財需要分配率 θ の各要素、①式の右辺第1項から第3項を一つずつ見て、不況から脱却し、好況方向へ動かす経済政策を考えていきましょう。」

G：「まず、次の第2節で、①式の第3項の貿易収支の項目を取り上げる。しかし、結論としては、貿易収支は、経済政策としては取り上げるべきではないという話になる。」

第1－2節　輸出入と好不況

S：「消費財貿易収支分配率 θ o

$$= (輸出－消費財輸入) ／総付加価値額 GDP$$

だから（新経済学シリーズ No.2）、輸出が消費財輸入を上回り、消費財貿易収支分配率 θ o が大きくなれば、他の要素が変わらない限り、消費財需要分配率 θ （＝労働分配率 ρ ×消費性向 μ ＋ 財政消費分配率 θ f ＋ 消費財貿易収支分配率 θ o）は大きくなり、労働分配率の原理（「θ ＞消費財生産割合 δ 、なら好況傾向」）により、好況傾向になります。」

G：「輸出の増大は、好況の為の経済政策として、新聞紙上でも重要視されている要因だが、そのために、どんな政策が考えられているだろうか。」

＜生産性向上＞

S：「まず第1に、他国とのコスト競争に勝つために、生産性を上げるということでしょうか。しかし、労働分配率を下げると、不況要因を作ることにもなりますから、生産性を上げるにも注意が必要になります。」

G：「生産性を上げるための開発や設備投資に対する補助金や、新鋭設備の導入に対する法人税の減税政策などの、企業の生産性向上推進の政策は、昔から行われている。」

＜円安誘導＞

S：「それに、円安で輸出を伸ばすというような政策もあります。」

G：「円安になれば、輸出価額が安くなるから、輸出を伸ばすのに有効だ。円の為替相場を円高に持っていかないようにするには、政府は円売りをやる。さらには、金融緩和策を強力にやって金利を下げ他国の金利よりも下げてしまうと円安が生まれてくる。このような為替政策は、外国からの非難の的であるが、逆に言えば、有効な輸出推進政策だとも言える。」

S：「お互いの関税を下げようという多国間の貿易協定も盛んに行われています。」

＜相手国の報復＞

G：「さて、ここで問題が出てくる。日本が輸出を伸ばして貿易

収支の黒字を増やし続けると、相手の国の対日貿易収支が赤字になり、不況傾向になるということだ。」

S：「当然、相手の国は、貿易収支の均衡を主張することになり、我が国が貿易収支の黒を続けると、相手の国から非難をうけます。相手の国は我が国からの輸入商品の関税を上げて対抗するなどの報復をする可能性があります。」

G：「報復を最終手段として行使するぞ、という外交交渉が始まることは、避けられないことで、日米貿易摩擦の歴史がそれを物語っている。」

S：「日米貿易摩擦の歴史は多彩です。1972 年の繊維交渉で、繊維製品の輸出規制。続いて 1977 年に鉄鋼・カラーテレビでも対米輸出自主規制の受入れ。1981 年に日本政府と自動車業界は対米輸出自主規制を受入れ。1982 年日米ハイテク摩擦。1983 年円高を強いたプラザ合意。1987 年 4 月には、レーガン大統領が日本のダンピングを理由にパソコン・カラーテレビ 100%の制裁関税を賦課。と続いてきました。」

G：「そして、トランプ大統領の政策も貿易不均衡に重点が置かれ、対中国を中心に関税政策が繰り広げられ、日本もそのターゲットにされた。」

<赤字になれば不況要因>

S：「貿易収支の黒字が続き、黒字累積ができると、相手国からの圧力で貿易収支の均衡を考えざるを得ないという事態になり

ます。」

Ｇ：「消費財貿易収支分配率 θ o という項目のプラスを続けることは、困難だ。」

Ｓ：「結論としては、消費財貿易収支分配率への対策は、経済を長期的に好況へとシフトする政策としては不適格ですね。」

Ｇ：「消費財貿易収支分配率を上げようとする経済政策は、長期的には好不況の変動の負の要因にもなるということだ。」

Ｓ：「各国が他国の消費需要に頼らないで、自国内に堅調な消費需要を増やしていくという、正しい経済政策がまず必要だということです。」

Ｇ：「そのとおりだ。国際経済については、あらためて考察しよう。」

第 1 － 3 節　財政消費分配率と好不況

Ｓ：「この節は、労働分配率の原理の、

消費財需要分配率 θ

＝労働分配率 ρ ×消費性向 μ

　　　　+財政消費分配率 θ f+消費財貿易収支分配率 θ o---①

の右辺第 2 項、財政消費分配率 θ f について考察します。労働分配率の原理（「 θ ＞消費財生産割合 δ 、なら好況傾向」）により、消費財需要分配率 θ を上げることが、好況のためには必要

なのですから、この財政消費分配率θf を上げれば好況へと経済を動かせることになります。」

＜財政消費分配率＞

Ｇ：「財政消費分配率θf＝財政消費支出／総付加価値額

が定義式だ。」

Ｓ：「財政消費支出とは、財政支出（歳出）の内、公務員賃金以外の、消費財（サービス消費を含む）や公的資本形成の購入にいくら使ったかということです。道路や土木工事などの公的資本形成は、通常、消費財とは呼びませんが、最終需要ですから、消費財に含めて考えることとします。」

Ｇ：「財政消費分配率θf を上げて好況にするにも、色々の方策がある。」

＜投資促進＞

Ｓ：「財政支出としては、企業の投資を支援するための補助金や助成金という方法があります。」

Ｇ：「それ以外にも、投資促進税制などがあるが、いずれも企業へ、企業が留保する剰余資金の増加となる贈与をしているということになり、企業へのマイナスの税金ということになる。」

Ｓ：「このような投資促進策には、消費需要を増やすような効果は考えられません。設備投資で設備財の需要はあがりますが、

設備財の需要は消費財の需要ではありません。」

＜財政支出消耗品と公共投資＞

Ｇ：「政府の財政出動で、政府の購入消耗品を増やすとか、道路
や橋の建設などの公共投資を増やせば、財政消費分配率θf は、
増える。」

Ｓ：「消費財需要分配率θ （＝θw+θf+θo）が増えることは、
労働分配率の原理（「θ＞消費財生産割合δ、なら好況傾向」）
により、好況傾向へと押しやる力になります。」

Ｇ：「問題は財源だ。」

＜財源：税金＞

Ｇ：「財政消費分配率θf を上げようとおもえば、その財源をい
かにすれば獲得できるかということが大きな問題となる。」

Ｓ：「税金や国債の増加という収入が必要です。」

Ｇ：「税金は、総論として必要なことだと分かっていても、現実
に自分に税金が課せられる段になると、納税者である国民には
拒否反応が生まれる。国民の感情を代弁する、大衆におもねる
政治家にとっては、増税反対がベーシックな立場なので、国会
で増税案を決めるのは極めて難しい。増税の合意がむつかしい
ので、国債発行によって歳出の原資を作らざるを得ないという
ことになる。」

Ｓ：「個人の税金を上げると、選挙の票が減るというのであれば、

法人の税金を上げればいいのではないかということになりますが。」

G：「法人税を上げるのは同じように難しい。法人税が上がれば、企業は国内での設備投資をやめて、海外の法人税の低い国へ設備投資をする可能性が増え、工場の閉鎖による失業者の増加や賃金の減少いわゆる空洞化の恐れが出てくるという主張が強く、企業経営者団体から法人税を引き下げようという圧力は強い。それに、労働者も企業で賃金をもらって生活しているのだから、企業の利益が浸食される税については、自分への税と同じように否定的な反応をする。」

S：「所得税も法人税もだめだということで、消費税の税率アップですか。」

G：「消費税を上げると、消費性向は落ちる。消費税を上げると、与党の選挙の票が減るばかりではなく、不況への要因ともなりかねない。」

S：「残るは、相続税や資産税、譲渡税ということになります。」

G：「これも富裕層からの強い反対がある。公共のために有効な税が、国民の幸せのためにどうしても必要なのだということが、国民の合意とならねば、増税は難しい。」

S：「増税がむつかしいから、国債の発行ということで、しのごうということになります。」

G：「しかし、国債は税の代わりにはならない。税を確保することは政治家の責任であり、税が有効に国民のために使われてい

るという信頼を作ることは、政治家の重要な責任でもある。国債はあくまでも税の補完でしかない。」

＜国債＞

Ｓ：「新経済学シリーズ No.1 でも、国債の有用性について考察しました。新経済学シリーズ No.2 でも、国債についての考察に多くのページを割いています。不況状態に陥ってしまって、税金の確保が困難な状態では、国債の発行は、頼りになるということを、再確認する必要がありますね。」

Ｇ：「将来の増税の先取りとして赤字財政を組むことも、実質的には国債を発行することと変わらない。不況対策として、税金を増やさずに、それと同じ効果を上げることは、国債の発行しかない。」

Ｓ：「しかし、国債も根強い反対論があります。」

＜国債インフレ論＞

Ｇ：「ここで、国債発行反対の理論を検討してみよう。」

Ｓ：「まず、国債がインフレの原因になるというものでした。」

Ｇ：「新経済学シリーズ No.2 で国債証券を民間が全額保有する場合を考察し、さらにまた、国債を中央銀行が全額保有する場合を考察している。」

Ｓ：「その考察でみるように、国債を中央銀行が保有する場合は、付加価値と関係のない余剰の貨幣が生まれます。この余剰貨幣

という幻想の価値はインフレの可能性を生みます。そこで投資が過熱するというような事態が発生した場合には、この余剰の貨幣が使われることになりインフレの危険性が生まれるというのが古典的な国債反対論です。」

Ｇ：「ところが、投資が過熱しない以上、消費需要が増えないのだから、貨幣がだぶってもインフレの心配は生まれない。

2012 年から 8 年間のアベノミクスという安倍総理の経済政策を受けて黒田日銀総裁が 3％を目標のインフレを目指して、貨幣をだぶらせたが、輸入資源インフレは起こっても、需要過多のインフレなどは生まれなかった。この経験は、投資が過熱しない以上、貨幣がダブってもインフレの心配はないという証左になる。」

Ｓ：「もし、バブルの発生などで、投資が増えて好況になるような状態が生まれるようなことがあれば、中央銀行が保有する国債を、民間に売却できる状態になっているわけで、民間に売却しさえすれば、国債インフレの心配はなくすことができます。」

Ｇ：「国債を民間が保有する場合は新経済学シリーズ No.2 でみたように、貨幣過剰はうまれないので、貨幣過剰によるインフレの可能性はない。」

＜国債は国民の借金か＞

Ｓ：「確かに、国債は景気を良くする要素かもしれません。しかし、国債は国の借金で、次世代への負の遺産だといわれてい ま

22

す。これが2番目の国債発行反対論です。」

G：「そうなのだろうか、国債は、誰からの借金なのだろう。」

S：「日本の場合、中央銀行を含めた、国内金融機関からの借金が主なものだと思います。」

G：「国内金融機関の原資は、国内の労働者や企業の預金だ。金融機関以外に労働者や企業が直接購入している国債もあるはずだ。国債が借金だというのであれば、それは国民からの借金だ。海外の金融機関などが所有している国債には危険な要素が潜在するが、国内の個人や企業や中央銀行が所有する国債は、危険な借金ではない健全な財源だ。」

S：「しかし、金利の支払いがありますから、毎年の償還金があまり大きくなりすぎると、財政支出に占める割合が大きくなりすぎるのではありませんか。」

G：「だから、国債の金利をゼロに近い超低金利にしなければならない。そうすれば、国債の保有が、国民の余剰の一部として国の管理に移っているということで、海外からの投機の対象になっていない場合は、国債は、危険な借金ではない。」

S：「危険でない借金とは、どういうことですか。」

G：「国債が、国内で購入され保有されているということは、国民からの借金だ。国民が遊休剰余を持っていて、何にも使っていない状態から、その資金が国債保有に変わっただけだとすれば、国民は余った金を国に貸しているだけで、国が国民の余剰を有効に回転して使っているだけだということになるだろう。

金利負担がほとんどない条件であれば、危険でない借金ではないかね。」

Ｓ：「海外の金融機関などが投機の対象として国債を保有している場合は、国債が暴落して国の信用危機が生まれることがあります。そのような場合は、国債が危険な存在だということは確かです。しかし、金利をゼロ近くにしてしまえば、海外からの投機の対象にもなりません。おっしゃるように、国債の所有者がどうであるかによって、健全性が違ってきますね。」

Ｇ：「国債は将来的には税金で償還しない以上なくならないものだから、国民の剰余のうちに未払税金として内蔵し含まれているものだ。国債の利息がゼロに近いものとして、所有者が国民に限定されているならば、永久に存続しても一向に困るものではない。ただし、継続的に償還ができないようなことになっては財政が成り立たない。」

Ｓ：「償還が難しいということになれば、誰も国債を買わないようになってしまいます。」

Ｇ：「国債は、無利息にすべきだし、償還期間を長くして、毎年の償還額を小さくすることが必要だ。」

Ｓ：「無利息では、誰も国債を買わないということになります。」

Ｇ：「国債を買ってもらうためには、国債を保有することで、その保有している人の税金が安くなるというメリットがあるように、工夫した経済政策が必要になる。工夫すれば、それは十分可能なことだ。それについては、次章で貯蓄国債として検討し

よう。」

＜過渡的方策＞

Ｓ：「国債を増やして景気を回復し維持するという経済政策は好ましいものなのですか。」

Ｇ：「もちろん、個人消費を増加させ、税収を増やすにこしたことはないが、そこに至る経済政策として、税制改革についての国民の合意ができないときは、また増税原資が枯渇するような災害や恐慌が生まれたときは、大規模な国債を使うということが、過渡的な方策として現実的に必要となる。」

＜国債を減らす時期＞

Ｓ：「国債の償還には、問題が発生することが考えられます。」

Ｇ：「もちろん、急激な国債の償還を急いで国債残高を急減させようとするというような愚策を選択し、税金を国債償還に使ってしまうなどということをやると、必要な財政消費支出が減少するため、不況を招くことになるという点には注意が必要だ。」

Ｓ：「過大な国債残高が発生したときは、その償還で国債の残額を減らす時期を選ばなければなりませんね。」

Ｇ：「過剰の好況傾向が生まれた時には、その加熱状態を冷却するための手段として、財政支出の消耗品の購入を減らし公共投資の逓減や補助金金額の縮小などにより、財政消費分配率の低減を行うことで、景気過熱対策を行い、同時にその縮小した財

政支出分と好況による税の増収分とで国債を償還するという方策をとるべきだろう。」

S：「好況のときには、国債を減らすという展望をもとに、不況のときには、国債を増やし、好況へ移動させるための財政消費分配率を増やす方策をとるということですね。」

G：「好況のときには、税金を増やすことが必要だが、その税金を徴収することができるための原資をどこに求めるかという国民の合意が必要になる。」

S：「そのための基本は、経済活動の源となる個人消費需要の増加です。そして、個人消費分配率（＝労働分配率 ρ ×消費性向 μ）の増加が必要となります。

労働分配率と消費性向の問題の検討に進みましょう。」

第1-4節　労働分配率と好不況

G：「この節では、

消費財需要分配率 θ

　　＝労働分配率 ρ ×消費性向 μ

　　　　+財政消費分配率 θ f+消費財貿易収支分配率 θ o---①

の右辺第 1 項、労働分配率 ρ ×消費性向 μ ＝個人消費分配率 θ p、を取り上げよう。」

S：「労働分配率の原理（「θ ＞消費財生産割合 δ 、なら好況傾

向」）により、消費財需要分配率 θ を上げることが、好況のた
めには必要なのですから、消費需要分配率 θ を消費財生産割合
δ よりも大きくすれば、不況から脱出する方向＝好況傾向が生
まれるということです。」

G：「これは、新経済学シリーズ No.2 の労働分配率の原理で考察
したところだ。」

＜あてになるのは労働分配率×消費性向＞

S：「第 2 節で考察したように①式の第 3 項 θo アップは、貿易
収支に依存していますから長期的な効果はありません。第 3 節で
みたように、①式の第 2 項の θf アップは税収の増大という難関
を解決することが必要で、そのためにはまず経済の好況傾向の
確保が必要になります。そうすると、不況からの脱出のための、
θ の上昇に期待されるのは、基本的には、①式の第 1 項、労働分
配率 ρ×消費性向 μ＝個人消費分配率 θp のアップになります。」

G：「労働分配率 ρ の定義が、金融資本主義経済に対応して複雑
になっている。このあたりからもう少し詳しく見てよう。」

S：「労働分配率 ρ＝賃金／付加価値

というヒミコの国の経済（新経済学シリーズ No1）の定義式では、
［賃金］は国民のすべての個人所得を意味していたわけですが、
現在の経済では、その個人所得を、労働者の賃金とそれ以外の
個人所得とに分けて、見直すことが必要です。」

<混合性所得>

G：「賃金で定義されていた、［すべての個人所得］は、

　賃金（すべての個人所得）＝可処分賃金＋可処分混合性所得

という式で置き換える必要がある。」

S：「［可処分賃金］とは、税金・社会保険等の税等移転額を控除
した後の労働者の賃金と定義します。」

G：「混合性所得について、新経済学シリーズNo.2、No.3の復習
になる。」

総付加価値額GDP				
賃金②	企業留保③＝営業剰余			
	混合所得④	法人企業営業剰余⑤		
	混合所得④	財産移転⑥（配当地代等）	税等移転額（法人）	法人企業剰余
	混合性所得⑦			
税引前**個人所得**⑧＝②＋⑦				
可処分賃金⑨(税引後賃金)	可処分混合性所得⑩	税等移転額		
		公務員賃金	財政消費支出（公的財産形成含む）	設備等補助金
個人所得 Gp（＝GDP×労働分配率）				設備投資・在庫増
貯蓄：設備投資在庫増	個人消費財需要 p			
	賃金からの消費財需要	**混合性所得からの消費財需要**		
	消費財国内需要			

［表 1－1］

S：「混合所得は個人企業の企業主の所得と定義しました。この
混合所得にプラスして、企業から個人への配当・利子・地代や、
企業が労働者（非企業個人）から不動産・有価証券等を購入し
た際の対価を加えたものを、混合性所得としました。」
G：「つまり企業から個人への賃金以外の財産移転を、個人企業
主の所得に加えたものを、混合性所得と呼ぶことにした。」
S：「この混合性所得から税等を控除したものが、可処分混合性

所得となります。図解しますと、［表1－1]のようになります。」

＜労働分配率を詳しく見れば＞

G：「このように、［賃金]が、［個人所得]⇒可処分賃金+可処分混合性所得、に置き換わったのに対応して、労働分配率も変化している。

労働分配率 ρ ＝個人所得 Gp／総付加価値額 GDP

　＝（可処分賃金 w＋可処分混合性所得 m）／総付加価値額 GDP

　＝賃金労働分配率 ρ w＋混合性所得分配率 ρ m

という定義式に変化した。」

S：「つまり、

賃金労働分配率 ρ w＝可処分賃金 w／総付加価値額 GDP

混合性所得分配率 ρ m

　　　　　　　＝可処分混合性所得 m／総付加価値額 GDP

という定義になり、その2つの合計が、労働分配率に変化したということですね。」

＜個人消費分配率＞

G：「①式右辺第1項を、個人消費分配率 θ p(＝労働分配率 ρ ×消費性向 μ)、と定義したが、この個人消費分配率 θ p の式に上記の労働分配率の新しい定義式をはめこむと、どうなるのかをみよう。」

S：「個人消費分配率 θ p

$$＝労働分配率 \rho \times 消費性向 \mu$$

$$＝（賃金労働分配率 \rho w ＋混合性所得分配率 \rho m）$$

$$\times 消費性向 \mu$$

となります。」

G：「ところが、可処分賃金に対する消費性向 μw と、可処分混合性所得に対する消費性向 μm は、等しいものではないことに気が付く。」

＜賃金消費性向と混合性消費性向＞

S：「［表 1 － 1 ］で表示されている［賃金からの消費財需要］は、可処分賃金×消費性向 μ 、とは違いますし、［混合性所得からの消費財需要］は、可処分混合性所得×消費性向 μ 、とは違いますね。」

G：「そうなのだ、

賃金からの消費財需要

$$＝可処分賃金×賃金消費性向 \mu w \quad ----②$$

混合性所得からの消費財需要

$$＝可処分混合性所得×混合性消費性向 \mu m \quad ---③$$

という定義式を作らなければならない。」

S：「この②③式から、経済政策を考えなければならないということですね。」

第1－5節　賃金労働分配率と混合性所得分配率

G:「賃金労働分配率ρw（＝可処分賃金w／総付加価値額GDP）を構成する可処分賃金wも、企業が支払う企業賃金だけではない。」

S:「公務員賃金や非企業民間組織が支払う賃金もありますね。これらの、企業賃金以外の賃金を非企業賃金と呼ぶことにしましょう。」

G:「可処分賃金＝可処分企業賃金＋可処分非企業賃金、という式になる。」

S:「そうすると

賃金労働分配率ρw

＝可処分賃金w／総付加価値額GDP

＝（可処分企業賃金+可処分非企業賃金）／総付加価値額GDP

＝可処分企業賃金／総付加価値額GDP

　　　　　　　　+可処分非企業賃金／総付加価値額GDP

ということになります。」

G:「まず②式から、言えることは、賃金労働分配率ρwと賃金消費性向μwを上げなければならないということになる。」

S:「賃金労働分配率ρwを上げるためには、可処分企業賃金／総付加価値額GDPと可処分非企業賃金／総付加価値額GDPとを上げる経済政策が必要になります。」

G:「可処分非企業賃金を上げるには、その大きな部分を占める公務員賃金を上げるしかない。可処分非企業賃金／総付加価値

額 GDP を上げようとすると、公務員賃金を増やす必要があり、政
府の財政支出を上げなければならないということになり、税金
を上げることが必要になる。」

S：「賃金労働分配率 ρw を上げるためには、可処分企業賃金／
総付加価値額 GDP を上げるための経済政策が必要ということにな
ります。つまり、企業の労働分配率を上げるにはどうすればい
いかということになります。」

＜労働分配率税＞

G：「賃金労働分配率 ρw を上げるために、企業賃金労働分配率を
上げる政策が必要になる。それが、消費財需要を上げるための
重要な対策だ。」

S：「企業賃金労働分配率を上げるための政策はあるのでしょう
か。」

G：「これは企業に対する税制で対応できる。労働分配率が低い
企業への税金が高くなるような税制、労働分配率を上げる企業
には税金を下げるような税制を考えればいい。」

S：「日本では、賃金引上げを奨励する税制が既にあります。」

G：「保守党である自民党の政府が、経営者に対してあからさま
に賃上げを求めだしたという現象は、2014 年の法人税の改正の
時ぐらいからみられる。つまり、経営者の利益代表である保守
党も賃金引上げが好況にプラスになるということを認めるよう
になっている。」

S：「賃上げのための法人税の改正は、雇用者給与など支給額が5％以上増加という要件をクリアした企業に減税をするというもので、翌年にはこの 5％以上増加の要件が、3％以上増加という低い要件に変わり、さらに 2016 年には 2％以上増加の企業にも減税をするというように変わりました。2022 年現在までもこの賃上げ促進の税制はテコ入れをされ続けています。」

G：「この税制が原因して、実際に賃金がどれぐらい引上げられたのかというと、データ的には、その効果はほとんどないのではないかと思われるが、このような税制が生まれたということは資本主義経済にとって画期的なことだと評価してもいいのではないか。これは、いかに個人消費が重要視されるようになったかということ、そして、そのために賃金の引上げが重要だと認められるようになったということで、記録されるべき大きな出来事だ。」

S：「私たちが話を進めてきた労働分配率の原則が、保守政党にも、部分的ではあれ認められているということです。」

G：「しかし、このようなパフォーマンスとしての賃金引上げ税制では、実効性がない。ほんの少し減税という利益があるからといって、それを求めて経営者が賃金を上げるわけがない。もっと画期的な、経営にとってもっと利益があるような、そして賃金の引き上げではなく、労働分配率の引き上げという、好況への誘因となる本質的な要素に焦点を当てた政策が必要なのだ。」

S：「賃上げと労働分配率の引き上げとは、本質的に違います。賃上げをしても同じ比率で売値を上げれば労働分配率は変わりませんし、このような賃上げは、不況からの脱出の要因にはなりません。」

G：「逆に言えば、売値を下げて、企業の利益率を落とせば労働分配率は上がって、不況からの脱却につながることになる。賃上げでも売値の引き下げでもいい、この労働分配率の引き上げが必要なのだ。」

S：「賃上げをしても、売値が上がり、賃上げ以上に物価が上がればインフレで生活は苦しくなるわけですし、不況へますます転落することになります。」

G：「逆に賃金が上がらなくても、売値が下がり、物価が下がれば、消費需要は上がり、好況へ進む。」

S：「不況を脱却するために必要なことは、労働分配率だということ、それに掛ける消費性向だということは、新経済シリーズNo.3までで、すでに考察したことです。」

G：「儲けすぎは、労働分配率の低下を生み、経済を停滞させるということだ。」

S：「言い換えれば、不況から脱却して好況を維持するためには、各企業は労働分配率を低くすることなくある基準以上にすべきなのです。」

G：「そのことが、国民の共通認識になれば、人件費圧縮・労働密度アップによる過当競争は緩和されることになり、サービス

の品質向上による企業間の競争が重要視されることになり、労働環境は向上し、働きがいが企業の中で大きなウエイトを占めるようにもなるだろう。」

＜混合性所得分配率＞

S：「混合性所得分配率についても考えましょう。」

G：「混合性所得とは何かを、復習しよう。」

S：「［表 1−1］ でみれば明らかなように、混合性所得は、個人企業経営者の所得である混合所得と、法人企業の企業留保（＝営業剰余）から個人への財産移転、との合計をいうと定義しました。」

G：「混合所得について、新経済学シリーズNo.2の金融資本主義経済の労働分配率の原理での説明を復習しよう。」

S：「個人企業経営者は、部分的に労働者と同じ個人としての消費者ですが、経済統計上は営業余剰に含まれていました。これを分離しようと、1993 年の国連統計委員会で採択された『93SNA』では、混合所得を「営業余剰」から分離して把握されることになりました。」

G：「混合性所得のもう一つの要素、財産移転（法人企業の企業留保から個人への移転）とは何か。」

S：「法人企業は、個人株主に対して配当などを支払います。それ以外にも個人地主に対して地代を払います。」

G：「これらは企業の付加価値の分配になる。」

S：「企業から個人に移動するこれらのものを、財産移転と定義して、混合所得に加えたものを、混合性所得と定義しました。」

G：「この混合性所得に対する経済政策は、後の問題としよう。」

第１－６節　消費性向

S：「消費財需要分配率 θ

＝労働分配率 ρ ×消費性向 μ

　　　　+財政消費分配率 θ f　+消費財貿易収支分配率 θ o---①

の右辺第１項、労働分配率 ρ ×消費性向 μ （＝個人消費分配率 θ p）を構成する、消費性向 μ を考察します。」

G：「老後、医療、教育費の負担増などの将来不安があれば、消費性向は落ちることになり、不況傾向へシフトする要因になる。」

S：「企業倒産が増える時や、賃金が上がりそうにないと思われるときには、将来への不安から、消費性向が下がるでしょう。」

G：「逆に、ボーナスや賃金が継続的に上がっている時代には消費性向は上がる。」

＜政策の必要性＞

S：「将来の生活の不安、老後の生活の不安、病気やけがをした時の不安、その他、火事や天災等の災害にあった時の不安など

がある時には、それに備えるために、貯金をしなければなりません。子供や孫の生活を保証するためにも貯金が必要です。」

G：「そうすると消費性向は下がる。」

S：「社会福祉政策が貧困だと、どうしても貯蓄が必要になります。社会福祉の政策の充実が。賃金消費性向を引き上げるためには、必要な政策です。」

G：「2017年2月の新聞に、次のような記事が載っていた。『15日に主要企業の労働組合が経営側に春闘要求を提示する。「官製春闘」ともいわれる政府の賃上げ要請を追い風に・・・』『・・・経団連の榊原定征会長も「賃上げをしても消費が伸びないのは年金、医療、教育費の負担増など将来不安があるためだ」と指摘。消費低迷の原因を経済界だけに押し付けることに不満を漏らす。』（2017.2.14 山陽新聞）」

S：「1917年春の賃上げ交渉の時期に、安倍政権が、経営者の団体の経団連に賃金の引上げを要請した際の記事ですね。地方新聞にも掲載されるぐらいですから、国民に広く認知された報道です。」

G：「ここに紹介した記事での、経営者の代表としての経団連会長の発言は、賃上げの要求をかわそうとした発言ではあるが、賃上げの必要性を認めつつ、年金、医療、教育費の負担増など将来不安をなくして消費性向を上げる政策が、消費需要の増加のために必要だと主張しているわけだ。」

S：「消費性向の引上げ政策を政府に求めているわけです。」

G：「経営者の代表が、社会福祉政策の充実を主張していることは、興味深い発言ではあるが、消費が重要な要素だということが、だんだんと国民の共通認識になってきつつあることには注目すべきだろう。」

＜ベーシック・インカム＞

S：「貯金を増やさなくても、老後や病気などで所得が無くなった時に、最低の所得が保証され、生活ができ、病気や痴呆の介護費の心配をしなくて済むのであれば、現在の所得を消費に回すことができます。そうすれば、消費性向を上げることができます。」

G：「そういうことだ。最低の基礎所得（ベーシック・インカム）を保証する経済政策が実現すれば、消費性向は上がり、不況から脱却の方向が生まれる。」

S：「現在日本で行われている生活保護制度を充実することが必要なのですか。」

G：「現在の日本の生活保護制度は、貧困者の救済だ。本人が申請することで、審査の上救済される必要があると認められれば保護されるという仕組みで、生活が困窮している人に自動的に所得が保証されるというシステムではない。そこが大きな違いになる。」

S：「生活困窮者へ基礎所得の支給が自動的におこなわれるシステムがあってこそ、生活の不安に対する支えになるというわけ

ですね。」

Ｇ：「全国民への一律額の支給でもいいし、所得が一定額以下の人に給付金を支給するという、マイナス所得税のシステムでもいい、所得がある水準以下になったら自動的に保証されるというシステムが必要だ。」

Ｓ：「そのようなベーシック・インカムを保証する制度で、消費性向をアップしましょう。」

＜投資性向の制御＞

Ｇ：「しかし、基礎所得（ベーシック・インカム）の保証をするだけでは、消費性向を十分上げることはできない。投資の魅力への対応が必要だ。」

Ｓ：「貯金や投資には、不安からの回避のための蓄えという性格だけではなく、増殖という魅力があるからですね。」

Ｇ：「そのとおりなのだ。投資によって財産が増え、さらに配当などという実が実るということは、大きな魅力がある。」

Ｓ：「投資による利益に制限をし、投資の魅力を低減させることが、消費性向を十分引き上げるために必要です。」

Ｇ：「特に、混合性消費性向（混合性所得に対する消費性向）を上げるためには、投資の魅力を抑え、減少させる必要がある。」

Ｓ：「株や投資で儲かるということになれば、それで儲けようと投資ブームが生まれ、消費性向を下げます。それに対応しなければなりません。」

Ｇ「投資で儲からないように、有価証券等の売却益には、特に短期の利益には税金を十分かけるという、税制が必要になる。」

Ｓ：「しかし、そのような税制は、株価を引き下げてしまうと、反対論が出ます。」

Ｇ：「その企業の実際の値打ちを上げることによって、株価は上げるべきであって、投機をあおるような政策で株価を引き上げようとすることは、誤っている。そのような政策は、投資市場をギャンブル賭博の世界に変えてしまう。」

＜貧富の格差＞

Ｇ：「貧困層・中間層の所得が減り、その分、富裕層の所得が増えると、どうなる。」

Ｓ：「富裕層の投資性向は高く、消費性向は、他の層と比べてはるかに低いですから、全体としての消費性向は下がります。」

Ｇ：「富裕層の所得を小さくすると、消費性向はおおきくなる。所得税の累進課税制度を充実し高額所得者には高い税率、低額所得者には低い税率という、税率の勾配を強めれば、富裕層の所得を小さくすることになり、消費性向アップのために有効だと言える。」

Ｓ：「高額所得者からは、累進税率に批判が出てきます。テレビのコメンテータや芸能人は高額所得者が多いので、累進税率への反対論が、テレビなどでは強く主張されています。」

Ｇ：「かつては日本の所得税の最高税率は75％だった（1984年）

のが、現在（2020年）では45%にまで落ちてしまっているが、その間テレビなどでそれに異を唱える論調はほとんどみられなかった。貧富の格差はどんどん広がってきた。」

S：「経済の健全な発展のために、国民の知的な判断が望まれるところですね。」

＜商品開発＞

G：「商品開発と消費性向との関係をみよう。」

S：「新商品が開発されると、消費性向は上がります。洗濯機やカラーテレビなど、安価な製品や新機能の製品が世の中に出たときは、消費性向も上がっていただろうと思います。」

G：「需要を急速に広げる新商品がないかあるかで消費性向は変わるだろう。新商品の開発は、消費性向のアップのためには、重要な政策だ。」

S：「休日の増加や労働時間の減少を国の政策として行って、消費性向を上げようとする試みもなされています。」

第1－7節　剰余残高の原理と不況

G：「労働分配率の原理の不等式の各項目の検討が終わったので、この節では、剰余残高の原理から考えられる経済政策をチェックしよう。新経済学シリーズNo.2の最後の金融資本主義経

済で考察した剰余残高の原理を、復習することにしよう。」

S：「剰余残高の原理を再掲します。」

　　　　＜剰余残高の原理＞　　　　　　　金融資本主義経済
遊休剰余残高＝消費財遊休在庫+設備財在庫＋遊休設備
　　　遊休剰余残高が過大であるときが不況状態を示し、
　　　遊休剰余残高がゼロに近い時が好況状態を示す。

G：「これが、最終的な剰余残高の原理だ。不況状態とは、遊休剰余残高＝消費財遊休在庫+設備財在庫＋遊休設備、が大きくなったということだ。労働分配率や消費性向などフローを改善して、好況傾向を作って遊休在庫を減らしても、遊休設備と遊休在庫の残高が多すぎると、なかなか好況状態へ移らない。」

S：「遊休剰余残高をなくさない以上、好況状態にはならないのですから、大不況の場合は、好況傾向を永く続けなければ、好況状態にはなりませんね。遊休剰余残高を直接減らすことが出来ればいいのですが。」

G：「遊休剰余残高を直接減らし、好況に変えることが出来るような経済政策があるかどうかみてみよう。」

＜新製品の開発＞

S：「新製品の開発を奨励して、新商品が市場に出回る様にすれ

ば、旧製品の市場価格が激減します。市場価格がゼロに近くな
れば、捨て値で処分されます。旧設備も新しい設備によって、
存在価値がないことがはっきりしますから、処分されます。」

Ｇ：「新商品を生むための研究開発費に対して減税をするという
優遇税制は、すでに存在している。それを充実拡大することは
有効だが、もっと工夫して、財政投入も行う成果の上がる経済
政策を考えるべきだ。」

＜戦争＞

Ｓ：「それ以外に、在庫を大量に減らす、特別な消費が考えられ
ます。その代表が戦争です。戦争を起こして、在庫の弾薬や武
器を壊されたりすれば、遊休在庫は減ります。建物や橋を壊さ
れてしまうと、それを修復するために材料の在庫がなくなりま
す。」

Ｇ：「戦争で在庫がなくなるという点で、最も顕著なのは、武器
や兵器だろう、大量の火薬が消費され、飛行機や戦車が破壊さ
れる。戦争の危機をあおって、戦闘訓練をどんどんすれば、ま
た軍事力の増強をすればするほど、武器製造産業は大きな需要
がうまれる。」

Ｓ：「戦争で景気を良くしようとする死の商人が暗躍しているの
は事実ですし、それで景気を良くしようとして、隣国との対決
をあおる政治家もいます。」

Ｇ：「そのような政治家の裏には、武器商人や武器の製造業者が

見え隠れする。軍備を増強すれば、新しい需要が生まれる儲か
るわけだからね。」

S：「しかし、戦争で負けた国は、国民の消費需要が壊滅的な状
態になりますから、戦争の疲弊の底から立ち直るのには相当な
努力と時間が必要とされます。そのような政策が否定されるべ
きだということは言うまでもありません。」

G：「他国の戦争で景気がよくなったという歴史的な事実は、生
じている。有効な経済政策が取れないときには、このスペード
のエースが使われることになる。しかし、戦争に巻き込まれた
国民の大多数は、戦争のためにみじめな生活を送らなければな
らない、何のために景気を良くしようとしているのか、本末転
倒もいいところだ。だから、その前に、有効な経済政策を考え
なければならない。」

＜恐慌・長期不況＞

S：「不況が続けば、あるいは恐慌が発生すれば、企業の倒産が
発生します。倒産になれば、倒産企業の在庫は、捨て値で処分
され、在庫は減ります。」

G：「企業の大量倒産は、遊休在庫・遊休設備を減らすための有
効な方法だったといえる。恐慌で、遊休在庫・遊休設備が処分
されつくした後で、新しい経済のサイクルが始まるというのが
古典的な資本主義経済のスタイルだった。しかし、現在の金融
資本主義経済の時代では、遊休在庫・遊休設備を少々減らして

も、拡大した需給差は解消できなくなっている。その方法での不況からの脱却は、時間がかかりすぎる。」

S：「恐慌で失業者が大量に出て、経済が疲弊することを避けるための経済政策を考えているのですから、その方法は、不況対策としては、基本的に論外です。」

G：「国債などによる強力な経済政策で、国民の基礎的な所得を保証し、失業者を雇用できる新規な投資を考えなければならない。」

<遊休在庫・設備の減少策：国債>

S：「遊休在庫・遊休設備のストックそのものを直接へらす政策はどうでしょうか。消費財の遊休在庫を政府が買い上げ国民に配ることで処分するという方法はどうでしょう。」

G：「特別の国債を発行し、財政支出の拡大を図ることで、そのようなことをすることができる。特別の国民給付金や援助金で、在庫を減少させるという政策だ。」

S：「一時的な給付金を各家庭に支給するという方法は、すでに行われています。災害等の時の国民の窮乏を救う対策として、行われる方法です。海外援助で、在庫品を海外の貧困層に配るという方法もあります。」

G：「ストックの処理はそのような方法で一時的に解決するということも考えられるが、フローが好況傾向にならない限り、毎年やらなければならないという問題が残る。」

Ｓ：「フローの問題は、第３節の財政消費分配率、第４・５節労働
分配率、第６節消費性向で考察済です。それらのフローの政策を
強力にやるということが前提になければ、ストックの処理だけ
ではどうにもなりません。」

Ｇ：「遊休在庫や遊休設備の過剰を解消する対策は、在庫や遊休
設備が危機的に増大したような場合、つまり、大不況や伝染病
や大災害などで、消費需要が激減したときに求められる政策で、
一時的なものだということは確かだ。」

Ｓ：「しかし、有効な不況対策もせずに大不況に陥っている現在
の経済には、このような政策が必要とされているのではないで
しょうか。」

Ｇ：「この政策の一番の問題は、財源だ。増税するか国債を発行
するとかをしなければならない。国債残高の増加に猛反対する
人たちを説得しなければならない。」

第１−８節　幻想有価証券と国際金融バブル

＜投機有価証券への税＞

Ｇ：「新経済学シリーズ No.2 の最後の金融資本主義経済のところ
で考察したが、有価証券は、実体の評価額ではなくて、投機的
な投資家によって、バブル的に引き上げられ、幻想有価証券と
して存在している。企業の貸借対照表上では、幻想有価証券が

47

現実の実態のある有価証券として計上されていることに問題がある。」

Ｓ：「証券市場の思惑で、賭博的な評価で購入された有価証券は、その購入価額で貸借対照表に計上されることになります。さらに、投機的な証券市場で吊り上げられた価額で、有価証券が売却され、発生した売却益は、利益として貸方に計上されます。それが幻想剰余ということになります。」

Ｇ：「石油とか穀物とか、その先元取引とかの投機もある。この投機の原資として幻想有価証券がある。」

Ｓ：「幻想有価証券が、金融危機、バブル崩壊の原因だということを気づかなければなりません。

この幻想有価証券と投機への対応が、現代の経済の大きな課題です。」

Ｇ：「この幻想有価証券には、土地やその他の投機対象物も含めて考えなければならない。このバブルの破綻によるバブル大不況が起こらないように対応する政策が必要とされている。」

Ｓ：「金融危機への対応策として、バブルが破綻し、銀行が破たんしたときに、国が補償する制度が出来ていますね。」

Ｇ：「一応その制度は有効な制度だが、それで十分カバーしているといえるかどうかは疑問だ。金融機関に厳しい自己資本比率を課すという金融規制法も、金融危機には有効な政策だろう。しかし、バブルに対する基本的な対策ではない。」

Ｓ：「バブルに対する基本的な対策としては、どのようなことが

考えられるでしょうか。」

Ｇ：「幻想有価証券を減らすこと、そのために、投機的な有価証券等の売買、短期の期間での売買や投機的な有価証券の保有を規制する税制が必要だ。」

Ｓ：「どんな税ですか。」

Ｇ：「まずは、①短期有価証券取引税として、短期所有の有価証券の売買に対して、取引税を課するという税制だ。そして、次に②法人の所有する投機有価証券に対して課税する投機有価証券保有税、第３に③個人の相続財産中の投機有価証券に対しては、高い相続税を課するという相続税の変更だ。」

Ｓ：「投機有価証券とは、どういう定義ですか。」

Ｇ：「法人の設立や増資の際に募集され、その時に払い込まれた増資引受株式（取得してから５年以内のものと限定するのがいいだろう）以外の有価証券が投機有価証券だ。」

Ｓ：「取得してから所有者が変わるまでの間は５年間に限り増資引受株式として、優遇されるけれども、それ以外の有価証券は投機有価証券として、厳しく規制するという政策ですね。」

Ｇ：「この投機有価証券の売買をコントロールする税があれば、バブルに対してのコントロールとなる。」

＜国際金融資本の時代＞

Ｇ：「金融資本主義の時代においては、厄介なことに、証券市場が国際的になって、海外の資本が瞬時になだれ込んで金融市場

49

をかく乱するという現象が起きる。為替の変動を見込んだ投機資金が、大量に移動するという現象が、証券市場の乱高下をもたらすということになった。これは、古典的な資本主義経済では考えられなかった現象で、このような投資先を探してさまよえる大量の余剰金融資本が、世界経済を支配してしまっているということだ。」

S：「証券市場は国際的なコンピューターネットワークの支配下にあります。」

G：「国際的なバブルの波が発生し、そしてはじけるという国際的な不況の波が生まれることになる。」

S：「為替が下がってしまうという不安から、その国の有価証券が売られ、国債さえも暴落するという不安が、ギリシャなどの国に発生しました。一国の中央銀行だけでは為すすべがないというような国際経済が生まれています。」

G：「アメリカでは、リーマンショックの再発を防ぐために金融機関に厳しい自己資本比率を課した金融規制改革法が 2010 年に成立したが、2017 年トランプ大統領は、大統領令で大幅に規制緩和をしてしまった。たとえ、金融規制改革法が残ったとしても、バブルの原因となるユーフォリアにたいする対応策にはならない。」

S：「有価証券の市場での売買の抑制策の動きは、どうなのでしょうか。」

G：「国境を越えた投機を規制することが必要だということで、

EUにおいては、ノーベル経済学賞を受賞したジェームズ・トービンが提案した、トービン・タックスと呼ばれる金融取引税の実現化へ向けた動きがある。フランスでは既に2012年に導入しており、10億ユーロ以上の資本を市場で調達するフランス企業の資本取引に0.2%で課税するといったものだった。イタリアでも2013年に導入しており、EUとしての取り組みもなされたが、まだ合意には至っていない。」

S：「そういう法律も可能なわけですね。しかし、日本には、そのような案は取り上げられていないようですが、ぜひとも必要ですね。」

第2章　具体的な経済政策の検討

第2−1節　労働分配率税

G：「不況をなくすための具体的な経済政策を考えよう。」

S：「第1−4節で考察しましたが、好況傾向にするためには、労働分配率×消費性向を大きくすることが必要です。そのためには、第1に賃金労働分配率を上げることです。」

G：「労働分配率の低い企業には、税金を高くし、労働分配率の高い企業には、税金を安くするという税制、労働分配率税が必要とされている。」

S：「労働分配率が低い企業には、税率を高くするという税制は、今まで採用されたことを聞いたことはありません。そのような税の実現性があるのでしょうか。」

G：「賃金をアップする企業に税額控除する税制は、日本では使われているし、好況への施策として、日本の政府が財界に賃上げを要請しているという事実もある。」

S：「長い不況の中で、実感的に、そういう政策が必要になったという認識が共有される時代になったということですね。」

G：「好況へと経済を誘導するためには、賃上げではなく労働分

配率の引上げが必要なのだということが、国民の合意として形成されることが期待される。」

Ｓ：「国民の合意が形成されることで、労働分配率の引上げ政策が採用されることを期待しましょう。」

＜反論：輸出競争力が下がる＞

Ｓ：「労働分配率の引上げには、経営者の反対意見があります。労働分配率を上げると、コストが上がり、外国との価格競争に負けてしまうという主張です。」

Ｇ：「それは、おかしな主張だ。労働分配率は、付加価値を賃金と留保とに分ける割合だ。労働分配率を上げようと思えば、賃金を上げてもいいが、売値を下げて粗利益率を下げてもいい。」

Ｓ：「確かに、売値を下げれば、売上量は増えるでしょう。粗利益率が下がっても、利益額は必ずしも減るとは限らないことになります、１個あたりの粗利益が減っても、売上量の増加によって、トータルの粗利益額は増える可能性があるわけですから。利益額が増えたうえに、労働分配率税によって、節税ができるということであれば、経営者にとっても採用可能な税制といえるでしょう。」

Ｇ：「外国との価格競争で負ける原因が、海外より製造コストが高いためだとすれば、それは労働分配率の問題ではなくて、賃金そのものの低さやコストを構成する資源材料が安く手に入るかどうかの問題、等に原因を求めるべきであろう。それらの格

差を補うだけの生産性や技術力や労働の質があるから、海外との競争に対抗出来てきたのだ。」

S：「それに、労働分配率を上げるには、賃金を上げてもいいですが、売値を下げてもいいわけです。売値を下げるということになると価格競争力は上がることになります。」

G：「労働分配率を上げると、輸出が増えないという根拠はないのだ。輸出と輸入に関しては、第3章国際経済で考察しよう。」

＜反論：利益が下がってしまう＞

S：「しかし、企業の労働分配率を上げることは、非常に強い反対があります。企業の労働分配率を上げると、企業の利益が減ってしまうという企業経営者からの反発です。」

G：「経営コンサルタントの教科書には、企業の利益を確保するためには、労働分配率を上げ過ぎてはいけないと説かれている。労働分配率を上げることへの反対の本音の所は、利益の減少にある。」

S：「利益額が減る可能性が大きいと、経営者は反対するでしょうね。」

G：「しかし、労働分配率を上げれば、消費性向が下がらない限り、国全体のトータルの消費需要は増えるはずだ。国全体の購買力の増加が生まれてくる。つまり各企業の売上は増加するはずだ。労働分配率が上がると消費需要は増え、売り上げの増加が期待できるのだから、利益が減るという主張は間違ってい

る。」

＜反論：貯蓄が増えるだけで消費は増えない＞

Ｓ：「不況脱却のための労働分配率アップに対しては、労働分配率を上げても、賃金消費性向が下がってしまうから意味がないという主張もあります。賃上げ分が個人の貯蓄になってしまい、消費には使われないのではないかという考えです。」

Ｇ：「繰り返しになるが、新経済学シリーズ No.3 での考察では、1980～2009 年の日本経済のデータでみると、賃金労働分配率の上昇が消費性向の上昇を導き、好況への移行の要因になっている。賃金労働分配率が上がれば個人消費分配率（＝労働分配率 ρ ×消費性向 μ）も上がるというデータが存在している。」

Ｓ：「過去のデータはそうだったとしても、労働分配率を上げても消費性向が足を引っ張るということは考えられます。
労働分配率のアップとともに消費性向を上げる政策も必要です。」

Ｇ：「消費性向を上げるためには、個人の投資性向を抑えなければならないし、基礎的な所得（ベーシック・インカム）などのいろいろな経済政策が必要だ。それらについては、続く第2節で考察しよう。」

＜反論：空洞化の不安＞

Ｓ：「利益率を低下させる労働分配率税制が行われると、海外で

利益率を確保しようとして、利益率の高い海外へ工場を作る方向になり、いわゆる空洞化がおこるという反対論が生まれます。」

G：「資本は世界的に過剰なのだから、海外に流れていくこと自体は、否定すべきことではないし、それは国際経済の大きな流れでもある。問題となるのは、利益率を低下させる労働分配率税制が行われると、国内の設備投資が伸びなくなるかどうかいうことだ。」

S：「利益率が低下したとしても、国内製品に対する需要が減少しない限り、国内の設備投資が伸びなくなるという現象は生まれません。そして、国内製品に対する需要は、貿易収支が均衡している限り、国内の労働分配率×消費性向によって増減します。」

G：「国内製品に対する需要が伸びない原因として考えられるのは、国内製品の購入需要が、国内製品から輸入製品に替わった場合、つまり、貿易収支が赤字になった場合だ。」

S：「貿易収支が赤字にならない以上、国内の消費需要の伸びは確保されます。つまり、貿易収支が均衡していて、海外からの消費財の輸入が、輸出よりもおおきくならない場合には、国内製品の購入需要が、海外からの商品に奪われることはないわけですから、減少することはなく、そうすると、国内製品の需要によって生まれる設備投資も減少することはないのです。」

G：「貿易収支が均衡していれば、国内生産に対する消費需要が

確保されるわけだから、国内の設備投資が減退することはない。」

Ｓ：「だから、国内の利益率が下がったとしても、国内生産に対する消費需要が確保される以上、海外の設備投資が増えたとしても国内の設備投資は減らないということになります。」

Ｇ：「貿易収支の均衡という、その条件は、国際交渉で実現可能なはずだ。それについては、後で話そう。」

＜低賃金の国からの輸入＞

Ｓ：「賃金が低い国の低価格の製品に国内の工場が負けると空洞化が起きる可能性が生まれませんか。海外の工場の安い製品価格に国内の工場の製品が太刀打ちできない場合には、工場の稼働率が落ちてしまい、工場閉鎖もあり得るし空洞化が起こることも考えられるでしょう。」

Ｇ：「繰り返しになるが、国際収支が輸入超過にならない以上、工場の稼働率が落ちることはないし、設備投資が減退する心配もない。空洞化が考えられるのは、輸入超過になり国内の消費需要が海外に吸い取られる場合だ。」

Ｓ：「低賃金国からの安い価格の製品による輸入超過が起こす、空洞化の心配はあるのですね。」

Ｇ：「輸入超過になるかどうか、貿易収支が赤字になるかどうかの問題は、労働分配率とは関係がない。問題は低賃金の国や資源が豊富に産出され材料の安い国の、製品のコストが低く、価

格競争力で優れた商品が輸入された場合に、国内で製造される
商品が負けるかどうかということだ。」

S：「労働分配率税とは、関係ないというのは分かりますが、海
外の商品との価格競争力の問題は、どう考えたらいいのでしょ
う。」

＜貿易収支の問題--海外との協調＞

G：「もし、ある国との間で、貿易収支が赤字になった場合は、
その国の労働分配率と消費性向を上げさせる圧力を掛け、対等
な競争関係を作り、貿易収支の赤字を解消しなければならない。
海外との交渉に負けないだけの政治的交渉力やそのために何を
使うのかを準備しなければならない。」

S：「貿易収支の赤字を交渉材料として、関税を上げる政策を含
め、外交交渉をする必要がありますね。」

G：「労働分配率・消費性向を上げようとしない国に対して、円
による教育福祉援助や借款を外交交渉の材料として使って、そ
の国の労働分配率・消費性向を上げる政策の実行を迫るなどの
外交交渉もできる。いろいろの方策も、必要になるだろう。そ
れが、国際経済を変革する道になる。」

S：「労働分配率・消費性向が低い国からの輸入が増えて、その
国との貿易収支が赤字になる場合には、その国への関税も上げ
るのが当然だという国際基準を作る必要も出てきます。」

G：「グローバリズムには反した政策だが、労働分配率・消費性

向を上げようとしない国に対しては関税を上げることを是とする国際ルールをつくらなければならない。」

S：「海外の安い労働力を求めて、海外に工場を移そうという動きそのものを止めるのは難しいでしょう。」

G：「海外への資本投資そのものは、長期的な国際経済を考える際には否定すべきものではない。ただし、日本の経済を混乱させるような急激な資本移動は抑制しなければならない。」

<企業にとってのメリット>

S：「企業の本音は、とにかく、目先の利益率を下げたくないというところにありますから、この労働分配率税には後ろ向きになりそうですが。」

G：「確かに、企業家の本音は、自分の企業の利益のアップだから、売値を下げて労働分配率を上げろと言われても、よっぽどそれによる恩恵が理解されない以上、反対するだろう。」

S：「その恩恵を強調しなければなりませんね。」

G：「それぞれの企業の場では労働分配率を上げた企業には税金で見返りがあるというインセンティブ、国全体の経済の観点からは、消費需要の増加による消費財需給差の解消：在庫の減少そして好況へのシフト、そして需要増に対する新規の設備投資、不況からの脱却というインセンティブになる。」

S：「国際経済の観点から、企業にとってのこの労働分配率の経済政策のメリットは何でしょう。」

Ｇ：「外交交渉で海外に働きかけ、円借款などの恩恵を与える代償として、海外の労働分配率をアップさせることに成功するならば、海外の消費需要が増えて我が国からの輸出も増加するというインセンティブ、が生まれることになるだろう。」

Ｓ：「労働分配率を上げて、それによって景気が良くなれば、納得して労働分配率を上げることに、企業経営者も株主も同意することになります。」

Ｇ：「世界的に消費需要が低迷しており、商品の売り先がみつからないという問題は、現在の資本主義経済の病巣で、全ての国が抱えている。」

Ｓ：「この課題を解決するには、この労働分配率・消費性向への挑戦しかないと思います。」

Ｇ：「消費需要をつくるために、労働分配率×消費性向を引き上げるという政策を各国が協調してやらなければならないのだ。」

Ｓ：「世界が同じ政策をやろうと協定を結ぶことの必要性を認識することが大事ですね。海外との経済交渉が非常に重要な課題だということになります。」

Ｇ：「国際的な経済政策については、第3章国際経済のところで考察しよう。」

＜反論：成長企業の設備投資資金の不足は？＞

Ｓ：「労働分配率を上げるということは、投資のための留保利益を下げるということになりますから、投資資金が不足して、経

済成長の妨げになるのではないかという反対論が出てきます。」

G：「それは、古典的な資本主義経済での考えだ。金兌換貨幣が支配していた貨幣経済では、投資資金が不足するという事態が生まれた。銀行が融資する資金を確保できなかったからだ。しかし、現在の金融資本主義経済では、そのようなことは起こらない。資金は潤沢に集めることができ、国・中央銀行は企業が必要とする資金を確保できるような政策をいつでもとれるし、現にそのような政策を採用している。」

S：「しかし、企業単位で考えますと、労働分配率を上げると、利益が減るから、次の設備投資資金が残らないことになり、新興企業の場合、成長資金が確保できず成長が妨げられることになる、という反論が出ます。」

G：「設備投資をするには、金融機関からの借入金もあるし、基本的には増資という手段がある。内部留保にのみ頼る必要はない。」

S：「成長企業ではその資金を急速に集める必要があります。新しい成長企業を育てるという面でマイナスではありませんか。」

＜ベンチャー企業の育成＞

G：「これからの時代は、成長プログラムを広く開示して、資本を集めることが、成長企業にとっては必須になっている。」

S：「新しい企業が増資をしようとするときに、資金が容易に集まるようにする必要はあるでしょう。そのようなシステムを作

らなければならないでしょう。」

G：「新しいベンチャー企業に資金を提供するシステムは、必要とされている。増資引受株式（取得してから5年以内のものに限る）（第1-8節）や研究開発法人への出資を引き受けた者に、特典を与えなければならない。有価証券のうち増資引受株式は、相続税で優遇税率にし、増資引受株式・研究開発法人以外の投機有価証券に投機有価証券保有税を課税するという税制を作ることで、増資引受株式（取得してから5年以内のもの）や研究開発法人の株を多くの人や法人が持ちたがるというシステムを作ることができる。そのような政策をおこなうことで、成長企業に資金が集まりやすくして、成長産業を育てる政策が可能となる。これについては、第4節相続税での投機有価証券の重課、第5節研究開発の促進と投機有価証券保有税、で再度考察しよう。」

＜具体的な労働分配率税＞

S：「具体的な労働分配率税の案はどうなるでしょう。」

G：「企業の労働分配率が、前年に比べて上がれば、その増差分（％）にその企業の総付加価値額を掛けた金額（＝付加価値利益額）が減少することになる。労働分配率税は、その減少した利益額を補填するばかりでなく、税引後利益が増えるよう、インセンティブ減税とする案から出発しなければなるまい。」

S：「労働分配率を上げることで企業の利益が減る額を補償するだけでなく、それ以上のものを、減税で還元するということで

すね。」

Ｇ：「労働分配率を上げることでの減益相当額に倍率をかけた金額を還元するわけだ。その倍率を減税定数と呼ぶことにしよう。減税定数をいくらにするかが問題だ。」

Ｓ：「減益額×減税定数を、企業の税の算出額から控除するという税制になるのですね。」

Ｇ：「例えば、減税定数を３とすると、企業は、労働分配率を上げたことで損をした減益相当額×３倍、の金額の減税メリットが得られるというわけだ。」

Ｓ：「そうすれば、労働分配率を上げた年は、減税額が減益額×３になり、減益額×２のボーナスともいえる利益が企業の手許に余分に手に入るということになります。」

Ｇ：「但し３年間のトータルで考えた場合には、税引後利益は変わらないということになる。」

Ｓ：「労働分配率税の減税定数を２と設定した場合は、その後２年間を考えれば、その年の税引き後利益は２年間の減益額と同じ額分増えることになります。」

Ｇ：「減税定数を１と設定した場合は、労働分配率を上げても、その年のみの税引き後利益が変わらないということだ。」

Ｓ：「しかし、翌年からは、労働分配率が上がった分の減益が続くことになりますから、これでは誘因効果は期待できません。だから、減税定数を３にするという案が出されたわけですね。」

Ｇ：「逆に企業が労働分配率を下げたら、その減差分（％）に付

加価値額を掛けた金額：増益額×4（=減税定数+1）を、税の算出額に追加することにしておかなければならない。」

S：「労働分配率が下がると、ペナルティ税が課されるという税制ですね。企業は、決算時には労働分配率に注視しなければなりませんね。」

G：「決算してみて、労働分配率が落ちていたら、その分、未払い決算賞与を出せば OK というように、税制も改定することが望ましい。そうすれば、労働分配率は上げやすくなる。」

S：「労働分配率が上がる法人が増加したら、インセンティブ分の税収入が減りますが、それを補填するような財源はあるのでしょうか。」

G：「いろいろな税が考えられる。国債の償還を据え置きにして増えてもいいという政策で合意することが出来れば、労働分配率に対するインセンティブ減税の財源として貯蓄国債を考えることができる。第 1-3 節の貯蓄国債の創設でその財源は賄える。」

S：「労働分配率税で、労働分配率が上がれば、景気は良くなります。」

G：「労働分配率は、少しのアップで大きな経済効果が生まれ、所得が増えることになり、税収の増加分で、取り戻してしまえる。すぐに減税定数を下げなければならなくなるということも考えられる。」

S：「減税定数は毎年変えていく制度にするのですか。」

G：「最初は、減税定数を 3 ぐらいに設定して、効果が上がらなければ減税定数を上げ、効果が上がって景気が過熱する方向になれば、翌年は減税定数を下げるという具合にすべきだろう。」

S：「国全体で適正な労働分配率に近づけば、減税定数は 1 にすればいいことになります。そうなりたいものです。」

G：「そうなれば、経済はコントロールできる。的確にコントロールできるかどうかは、第 1−4 節②式の消費財需給差割合 ω（＝ $\theta - \delta$）の予測値を、いかに早く推定できるかという統計専門家の知的能力にかかっている。この推定値の ω と減税定数とをリンクさせれば完璧だ。」

S：「このインセンティブ減税の申告データと国の労働分配率のデータとの関係から、好況のために実現すべき基準労働分配率が把握できるようになりますね。」

G：「労働分配率税への国民の理解も深まるだろうから、そうなれば、賃金労働分配率が基準労働分配率よりも低い企業へは重い税金を課すような税制へと、労働分配率税を改正移行することもでき、基準労働分配率を経済の目標指標とすることができるようになるだろう。」

S：「そうなれば、基準労働分配率を毎年変えることで、景気をコントロールすることができるようになります。」

G：「不況になりそうであれば、基準労働分配率を上げ、景気が過熱しそうであれば、基準労働分配率を下げるというシステムにすれば、基準労働分配率の操作で、経済をコントロールでき

るという経済体制も考えられるだろう。」

S：「この労働分配率税という税制が実際に行われれば、労働分配率のアップが好況へのシフト力になるという結果が実データとして出てくることになり、我々の主張は実証されることになります。」

G：「労働分配率税を経済政策として試行採用してみようという国民の合意がうまれればいいのだが。」

S：「企業の利益を追求する個々の経営者にとっては、素直に肯定しがたい賃金アップ税制が、保守政権のもとに、景気浮揚政策として制定され、その後何回も拡充されています。時代はそこまで進んでいます。」

第2−2節　基礎所得配分（ベーシック・インカム）

＜消費性向が上がらない原因＞

G：「経済を好況へシフトするための主要な要因は、労働分配率だが、もう一つの主要な要因は、消費性向だ。ここで、消費性向が上がらない要因は何か、整理してみよう。」

S：「第1に、①人々は、将来病気になったときや老後の生活の不安のために、蓄えを最優先と感じ、消費を犠牲にしても、貯金をしたいと考える、という要因です。」

G：「生活不安が、消費性向を下げる第1の要因となる。」

S：「次に、②富裕層の場合、ある程度生活の充実に満足し、投資による利殖の魅力にとらえられ、消費を抑えて投資に資金を回すために消費が落ちるという要因です。」

G：「投資志向による、消費性向のダウン、これが消費性向を下げる第2の要因だ。」

S：「そして、消費性向を下に引き下げている要因として考えられるのは、③子孫に財産を残したいと考えて消費を抑えるという、親・祖父母としての心情でしょう。そして、④節約して貯蓄することを美徳とし、その大きさがその人の立派なステイタスとなるという価値観です。」

G：「子孫繁栄の心情が第3の要因、勤勉貯蓄の精神が第4の要因と整理される。」

<貯蓄国債・持株財団・有価証券の税>

G：「好況をもたらすために消費性向を上げようとするときの阻害要因のうち、第3の要因として挙げた、③の子孫に財産を残したいという気持ち、これに対抗する経済政策としては、第4節で考える相続税の強化と第3節で考える貯蓄国債と第6節の持株財団であろう。これらを、各節で検討しよう。」

S：「第2の要因として挙げた、②投資志向に対応する経済政策は、短期有価証券取引税（第8節）、投機有価証券に対する相続税の重課（第4節）等です。それぞれ第8節、第4節で考察しましょう。」

＜生活不安への対応＞

Ｇ：「①の生活不安の要因に対する経済政策を考えよう。消費性向を上げるためには、病気になった時や、年を取って働けなくなった時に、生活が保障される社会にすることが必要だ。」

Ｓ：「老後の不安や病気や災害に備えて貯金をしなくてもいいような社会にすれば、国民は、むやみに貯金をせずに消費に金を使うようになり、消費性向は上がるはずです。」

Ｇ：「出産・子育て・教育・障がい・病気・老齢介護・失業などの際に、蓄えなしでも経済的に困らないようにする、セーフティーネットが必要だ。」

＜ベーシック・インカム＞

Ｓ：「収入がなくなっても、最低生活を保証するベーシック・インカムが国から支給されるから、安心だという社会になれば、むやみに貯金を蓄える必要はなくなり、消費を犠牲にして貯蓄をしなくても済むはずです。ルトガー・ブレグマンの著書「隷属なき道（Utopia for Realists）」（文芸春秋発行）や、ガイ・スタンディング著、「ベーシック・インカムへの道（Basic Incom）」（プレジデント社発行）の中で、ベーシック・インカムが、いかに必要か、それに対する反論がいかに間違っているか、そしていかに効率的な経済効果を持つかが主張されています。」

Ｇ：「ベーシック・インカムという、政策は、生活保証給付額を、

国が給付するというものだ。消費性向が上がらない場合の究極の経済政策は、このベーシック・インカムということになる。」
S：「しかし、この政策に対しては根強い反対論があります。私たちが汗水流して働いて稼いだ所得から徴収された税金から、働かないなまけものや酒乱や路上生活者のために、お金を支給するというのは、納得できないという考えです。」

＜なまけ者＞

G：「生活保護などの社会福祉の支給金は、なまけ者をのさばらすだけだという主張は、多くの人の共感を呼ぶ。しかし、使おうとしている税金は、一般の人のではなく、1％未満の富裕層に対する税金だ。」
S：「食べられないという恐れがあるから、労働者は働くので、それがなくなって、生活が保証されてしまったら、働かなくなる、という主張は古くからある根強い考え方ですね。」
G：「しかし、その考え方では、社会の貧困層といういびつな部分がいつまでたってもなくならないし、経済を好況へ押しやることができず、不況が続く状態を変えられないという現状がある。」
S：「それに、生活が保障されたら働かなくなる、という考えは、間違っています。」
G：「働かない人は、現在でも多くいるが、怠けているのではなくて、精神的な環境によって働けなくなっている人の割合が多

い。むしろ、怠け者は、富裕層の親族にいるのかもしれない。」

＜過剰な生産能力＞

Ｓ：「現代の経済の生産能力は、今働いている人間がフルに働くと、すべての国民に満足させる生活をさせてもまだ余り、余剰在庫が出てしまうだけの力を持っています。」

Ｇ：「そのうえ、考えなければならないことは、現在のイノベーションだ。AI で統括されたロボットが生産戦線に続々と参加してきている。今働いている労働者が適正に働くと、すべての国民がフルに消費しても消費しきれない商品を生産する過剰生産能力があり、しかもどんどん増えていく時代になっている。その生産力過剰の状態は益々深刻な状態に進んでいこうとしている。一方で、貧富の格差は消費需要を押し下げている。」

Ｓ：「この状況に対応し、経済を好況へと転化するには、消費を増やすしかありません。」

Ｇ：「消費を増やすためには、たとえ、働かないなまけ者が増える可能性が考えられるとしても、そうならないようにするしかない。更生政策によって、国民の精神的健康を増進するケア政策の充実によって、対応するしか方法はない。」

Ｓ：「消費財の需要を作るためには、ベーシック・インカムが大きな力になるということはわかります。」

＜うつ病からの解放＞

G：「ベーシック・インカムは、それだけではなく、社会にゆとりとくつろぎをもたらすと考えられる。ベーシック・インカムで給付できる金額が、最低生活をぎりぎり保障できるというものであれば、会社を首になって失業しても生きていける。いやな職場で我慢して今の職場にしがみつかなくても、仕事がすぐ見つからなくても、生活に困ることはない、というセーフティーネットを労働者に与えるということになるだろう。」

S：「そうすれば、労働者はやりたい仕事をやれる職場を探す、という環境が生まれます。また独立してやりたい仕事を開業してみるという選択も可能になります。」

G：「企業は、労働者がやりたい仕事をやれる職場を作らざるを得ないことになる。企業が、働きがいのある、労働に満足感を与える職場を作ることになれば、労働者をうつ病から解放させる特効薬になるだろう。」

＜働きがい＞

S：「しかし、それでは企業での規律が維持できないのではありませんか。」

G：「企業の職場の組織運営も変わることになるだろう。労働者が働きがい、生きがいを感じられるような組織運営が必要とされる。労働者の立場に立った組織運営を行うことができない企業は、ブラック企業と評価され、働き手を確保できなくなる。

ブラック企業が採用者に苦労するという状況は、すでに始まっている。」

Ｓ：「従業員に生きがい働きがいを感じさせ、いきいきと働ける環境を準備できない企業は存在できない時代になるでしょう。」

Ｇ：「ベーシック・インカムの制度は、働く環境を変え、なまけ者と言われる路上生活者やうつ病をなくす制度なのだ。」

＜財源＞

Ｓ：「しかしながら、十分な額のベーシック・インカムの支給のためには税収の確保が必要になり、国民の合意がなかなか得られないのが現実でしょう。」

Ｇ：「それが問題だ。最低生活を保障できるベーシック・インカムを支給するだけの税金を富裕層が支払うことには、強い反対が出るだろう。」

Ｓ：「それではどうするのですか。」

Ｇ：「国民の合意ができるまで、粘り強い対話と低額のプランから始めることが必要だろう。」

Ｓ：「１人当りは少ないベーシック・インカムでも、大きな効果が生まれ次の１歩への展望を生むことになります。」

Ｇ：「ベーシック・インカムは、消費財の需要拡大につながり、消費性向を引上げ、不況から好況へシフトする力となり、社会が明るくなるということを現実の効果として示してくれる。」

Ｓ：「世界の 1%の超富裕層が全世界の富の 40%を所有している

というデータも発表されています。」

G：「貧困層は貯金をする余裕がないから消費性向は 100%近いが、超富裕層の場合は投資へ資金を投入する志向を持っているから、消費性向は極端に低い。貧富の格差を減らして、超富裕層の所得を減らすことが、国全体の消費性向を上げるためには必要だ。」

＜富裕層への税＞

S：「所得税の、累進課税を強め、貧困層には課税せず、超富裕層に大きい課税をすれば、貧富の格差を縮めることとなり、結果的に全体の消費性向は、上がることになります。」

G：「個人の所得税の累進課税を強め、富の再配分をすべきだという、国民的合意を作ることが、消費性向を上げるためには必要だ。ベーシック・インカムの財源も、高額所得者からの所得税が好ましい。」

S：「富裕層は、経済的な既得権を侵害されることを、なかなか許容しないでしょう。」

G：「増税をしたことで人気を失って、政権与党から野党に転落したという苦い過去の歴史は、どの政治家の頭にもこびりついているだろう。しかし、増税の結果が、大多数の人の幸せという結果を作ることができるならば、その増税を主導した政治家の勇気は、人々に称賛されることになるだろう。」

<ベーシック・インカムの提案>

S：「具体的には、どのような案になりますか。」

G：「本来のベーシック・インカムとして提案されているものは、全国民の各人に対して、最低生活ができる一律の金額を配布するというものだが、そのベースで実現可能性のある提案を最初からするのは難しいかもしれない。だから、ここで提案するベーシック・インカムは、本来のベーシック・インカムではない、準ベーシック・インカムとなる。」

S：「それでは、その実現可能性のある、ベーシック・インカムを検討しましょう。」

G：「2020 年の家計調査によると、全世帯の十分位階級別の最低層である第Ⅰ階層（10%）の 1 世帯の年間収入は、0～173 万円となっている。173 万円は月額にすると、15 万円弱になる。この月額 15 万円を基礎所得基準額とし、基礎所得基準額未満の世帯（この低額所得層は全世帯の約 10%になる）を対象に基礎所得配分（ベーシック・インカム）を配布する案を考えてみよう。」

S：「これより上位の階層には、基礎所得配分（ベーシック・インカム）の配布はないわけですから、月額 15 万円前後の境で不公平感が生まれないようにする必要があります。」

G：「その世帯の平均月収が X 万円あれば、10 万円－X／1.5＝支給額（万円／月）、とする案だ。」

S：「月収 X がゼロであれば 10 万円ということですね。月収 X が 6 万円なら、6 万円支給になりますから、合計 12 万円がその世帯

の収入になるということになります。」

G：「月収 10 万円の世帯は、3.3 万円支給ということで、合計 13.3 万円の収入になる。」

S：「月収 15 万円以上の世帯には、支給額がないということになります。」

＜生活保護法＞

G：「月収 X は、年金や失業保険や配当や生活保護給付やその他給付金もいれた月収で判定することになり、対象が月収 15 万円未満の世帯ということになる。」

S：「この基礎所得配分（ベーシック・インカム）の配布が実現したら、生活保護法の対象者は大幅に減少することになります。」

G：「生活保護法は、病弱・障がい者世帯や幼児を養育中の世帯で、基礎所得配分（ベーシック・インカム）の配布によっても、なお困窮している世帯を対象にすることになるだろう。そうすると現在生活保護に使っている予算も削減してベーシック・インカムの財源に回すことが可能になる。」

＜必要な資金は＞

S：「ベーシック・インカムに必要な財源は、どれぐらいになるでしょう。」

G：「10％の底辺世帯を対象に、最高 10 万円の配布、月収が X 万

円あれば 10 万円－X／1.5＝支給額（万円／月）、とする案で考えてみよう。」

S：「10％の底辺世帯階層の平均収入は、2020 年で 124 万円／年、月 10.3 万円程度という政府統計データがありますから、ベーシック・インカムで配布される 1 世帯当たりの金額は X＝10.3 を代入すると、3.13 万円（＝10－10.3／1.5）より小さくなります。全国の総世帯数を 5570 万世帯として計算すれば、底辺 10％の世帯数は 557 万世帯で、月 0～15 万円の世帯数はその 1 割増し約 613 世帯。613 万×3.13 万円×12≒2.3 兆円／年、より少ない金額が必要な財源となります。」

G：「この配布は、生活保護法と重なるから、この準ベーシック・インカムの配布をすれば、日本の現在の生活保護の予算 3.8 兆円の内いらなくなる部分がでてくる。」

S：「推計できませんが、その 2.3 兆円の少なくとも半分 1.1 兆円以上は、重なる部分と仮定しましょう。そう仮定すると、このベーシック・インカムの導入で必要となる予算は、上記の 2.3 兆円ではなく 1.2 兆円（＝2.3－1.1）程度の財源が追加されればいいということになります。」

＜財源はどこから＞

G：「この財源を、所得税に求め、高額所得者の税金で賄おうとすれば、どうなるか。」

S：「まず高額所得者からの所得税の課税強化が、考えられます。

例えば、所得1200万円以上の納税者の所得の内、各人の1200万円以上の部分だけの所得を合計しますと、2020年で、年間約13兆円の所得があります。」

G：「所得1200万円（給与所得者であれば年間給与1395万円）の人が境界線になる。それ以上の所得がある人の、1200万円以上の所得部分に対して10%の1.3兆円拠出という案ではどうだろう。」

S：「1200万円以上の所得にたいする税率を10%上げて、それを基礎所得配分（ベーシック・インカム）の財源にしようという案ですね。そうすると所得税強化での財源は約1.3兆円捻出されます。この財源で基礎所得配分（ベーシック・インカム）はまかなうことができ、余裕ができることになります。

　1.2兆円の基礎所得配分（ベーシック・インカム）が配布されれば、これが貯蓄に回ることはないだろうと思われますので、1.2兆円の消費財需要が生まれることになります。そうすれば、好況の方向への強い牽引力となります。この案が実行されて、その結果をみれば国民的な合意の道は進むでしょう。」

G：「所得1200万円以上の階層は、67万人ほどしかいない。全国民成年人口約1億人の割合からいうと、0.7%と低い割合だ。」

S：「とはいっても、この階層は、きわめて発言力が強い階層で、マスコミを支配しているし、職場を、地域を支配しています。」

G：「1.2兆円規模の財源であれば、所得税の増税でなくても、すでに提言した他の財源でも可能だ。他の財源としては、配当

所得の優遇軽課税制の廃止、相続税の税率増、有価証券への課税などいろいろと考えられる。また貯蓄国債を使って先行投資をし、景気が上昇した時点で回収することもできる。」

Ｓ：「この 1200 万円以上 10％の所得税増税案に対しての反対が強ければ、その財源でなくとも、別の財源でも、基礎所得配分（ベーシック・インカム）を実行することは十分可能です。」

Ｇ：「しかし、消費性向の向上の目的のためにも、高額所得者の増税がセットの財源として好ましい。」

Ｓ：「労働分配率税によって、労働分配率が上がり消費性向も上がって好況状態が生まれれば、所得 1200 万円以上の所得の 10％という、この財源は、経済成長とともに増えていきます。」

Ｇ：「財源が増えれば、支給額を引き上げるという展望も生まれる。国民が、ベーシック・インカムの効果を実感できれば、世帯単位ではなく国民一人一人単位のベーシック・インカムに変更することができるだろう。」

＜勤労意欲の減退＞

Ｓ：「ベーシック・インカムは、低所得者の勤労意欲をなくし、働かないなまけ者にしてしまうという反対論が主張されます。」

Ｇ：「勤労意欲が減退するかどうか、所得ゼロの世帯に、ベーシック・インカムを支給した場合で考えてみよう。」

Ｓ：「今回提案した基礎所得配分（ベーシック・インカム）案は、月収のない世帯に対しては、10 万円が配布されます。」

G：「その世帯主が、働くチャンスがあって、月収を 6 万円稼ぐとどうなるのだろう。」

S：「基礎所得配分の配布額は、10－6／1.5＝6 万円になり、総手取り収入は、6 万円+6 万円＝12 万円に変わります。6 万円の収入を稼ぐと、12 万円－10 万円＝2 万円の収入が増加することになります。」

G：「働けば収入は増えるわけだ。目減りするが、稼ぎがいは生まれ、働いたことへの満足感は生まれるだろう。」

S：「そういう意味で、このベーシック・インカムの制度は、なまけ者にしてしまうと反対論者が主張する低所得の人たちに、生きていけるだろうかという生活の不安からの解放と、あらたな希望と刺激とを与えることができ、勤労意欲を与える制度だということになりますね。」

G：「消費性向が、このベーシック・インカムによって向上し、経済の明るい未来が期待できるという実感が生まれれば、ベーシック・インカムの財源を提供した高額所得者も、納得することになるだろう。」

第 2－3 節　貯蓄国債の優遇税制（相続税ゼロ）

S：「消費性向を上げるための経済政策として、貯蓄国債のシステムが提案されます。」

G：「貯蓄国債は、個人が引出して使える償還引出額が制限されて、1か月に引出せるのは、国で定められている最低賃金の2倍の金額と、出産・育児・教育・医療・老人介護に直接支払われる金額と、だけだという引出制限のついた貯蓄国債という貯金だ。」

S：「出産・育児・教育・医療・老人介護に必要とされる金額は引出せるのですか。」

G：「条件に合う機関への請求書と引換えに振込み支払ができるということにすればいい。」

S：「制限付きの窮屈な貯蓄ですね。」

G：「そのうえ、無利息の個人貯金だ。貯金の引出しや新規購入は金融機関で行い、その運営手数料は国が負担するという貯蓄だ。」

S：「金利はゼロ、引き出し額に制限がある、という貯金では魅力がありません。」

G：「魅力は、相続税・贈与税がかからないというところにある。子や孫や誰にでも、自由にいつでもいくらでも贈与でき相続税もかからないという優遇税制が付いている貯蓄だ。」

S：「今までになかった、ユニークな制度ですね。」

G：「国としては、金融機関に払わなければならない手数料が必要なだけで、無利息の国債を大量に取得することができ、しかも年間の償還額は、低く抑えられているので、大量の国債を持続的に温存できる。」

S：「国民としては、無利息ではあっても、国が破産しないかぎり安全で保障されている財産を確保したことになり、贈与税もかからないということになれば生前贈与が自由になり、相続税も掛からないのですから、資産家の相続対策として絶好な財産になります。」

G：「しかも、毎年の償還額は、基本は 1 人当たり最低賃金×2×12 月分が上限だ。富裕層は、30〜50 年以上に亘り償還引出しができるような大きな金額を購入するだろうから、そうなれば、国としては、長期の無利息の国債を財源として取得することができ、しかも継続して増えるだろうという財源になるわけだ。」

S：「このような財源があれば、主に機関投資家に購入されていた利息のある国庫短期証券の償還ができますし、国債の償還も、税金で生まれる財政収入を頼りにせずに償還できます。」

G：「富裕層の持っている有価証券を国が引上げて、財政支出に使うことができる。つまり、使われなかった投資資金を消費財需要や使われる投資資金に変えることができる。」

S：「貯蓄国債が増えた分、今まであった国債の残高を減らすこともでき、無利息で長期償還の貯蓄国債に代わるということは、その金利分、財政支出を増やすことができますから、消費財需要分配率 θ が増え、第 1−3 節でみたように、好況へのシフト力となります。」

G：「貯蓄国債で自分の老後も子孫の生活を保障できるのだから、それ以外のお金は消費にも回せることになり、消費性向は上が

る。」

＜国債は過剰か＞

Ｓ：「国債が今でも多すぎるという批判があります。これ以上国債が増えても大丈夫でしょうか。莫大な余剰資金を保有する国際的投機資金運用グループが投機的に国債を売買する状況では、国債の価格下落によって、2011年の経済危機で国債債務不履行の危機が起こったギリシャのような事態が起こることの心配はないでしょうか。」

Ｇ：「国債の価格下落の原因は、税金を確保して国債の償還をきちんとできなくなるのではないかという不安が原因だ。その不安を除くには、常に新たに無利息国債（貯蓄国債）の購入者があらわれる、あるいは経済の好況を維持して税金を増やして国債をきちんと償還できるようにする、ということで解決する。償還の財源を作り出せるという見通しがあれば、ギリシャのようなことは起こらない。」

Ｓ：「＜貯蓄国債＞のように、無利息で毎年の償還金が低く抑えられている国債や利息がない長期国債なら、いくらあっても、不安要因はないということですか。」

Ｇ：「国民の右のポケットのお金を左のポケットに入れ替えただけの話だ。」

＜国債とインフレ＞

Ｓ：「償還のメドがあれば、国債の残高が少々あっても恐れるに

足らないということになります。しかし、国債の残高が大きくなりすぎると、インフレ要因になるという意見もあります。」

Ｇ：「それについては、新経済学シリーズ No.2 の、国債と貨幣の考察で考察したし、第 1-3 節の財政消のところでも繰り返し考察した。国債の増額が、インフレの原因にはならない。

インフレの危険性は、消費が供給より過剰になったときには起こるが、貨幣が過剰になっただけでは起こり得ない。」

＜長期投資貸付金・スタンバイ国債＞

Ｓ：「貯蓄国債が大幅に増えて、国債が増えて、国の財政支出に使えないほどになり余ったらどうなるのでしょう。」

Ｇ：「貯蓄国債は無利息で、毎年の償還割合も低いものだから、富裕層の貯蓄国債購入がすすんで公債残高が増大し、国の財政支出に必要な限度を超えてしまうという場合が起きることは考えられる。」

Ｓ：「余れば、民間の新規の研究開発のために、長期据え置き無利息の貸付金として使用することができます。」

Ｇ：「それに、大規模災害や流行病の蔓延などで、国家財政の緊急出動が必要な時に、いつでも使えるような状態にすればいい。いわばスタンバイ国債を確保しておくことになる。これからの時代には、利息のいらないスタンバイ国債は是非とも必要なことだ。」

＜株価市場の低落の不安＞

Ｓ：「ところで、株を持っている富裕層は、それを売って現金に換えて、貯蓄国債を買うことになりますね。そうすると、株の値段が下がります。社会的に大きな影響が生まれませんか。」

Ｇ：「消費性向を上げるための政策の実効が上がれば、そういうことにもなり、株式市場での株価の低下という大きな傾向が生まれることもありうることだ。しかしながら、不況の心配で株価が下がるのではないから、株価がバブル崩壊後のような倒産を心配した株価まで落ち込むわけではない。各企業の自己資本・純資産より以下に落ち込むことはない。バブルの要素を排除した安定した株価になるだけだ。」

Ｓ：「貯蓄国債への乗り換えが増え、株価の下落が起きると、大きな問題は、外国株主が増え、国内の株主が減ってしまうという不安があります。」

Ｇ：「国内の株主が減ること自体は、問題とはならない。問題はだぶついている国際金融資本が、M&A などを仕掛けてくるということだ。国内の安定株主がいなくなってしまう場合は、会社は簡単にのっとられ、経営者は追い出され、会社は分割されて、売られたり閉鎖されたりするかもしれない、失業者も出てくる。」

Ｓ：「グループの会社同士が、お互いに株の持ち合いをして、安定株主を確保しているということは、よく聞くところです。」

Ｇ：「しかし、他の会社の株を持つことは、その株が急落すれば大きなダメージを受けることになり、バブルショックの経験か

ら、この株の持合いについては、慎重にならざるを得ないのが現状だ。」

Ｓ：「株価が下がって、M&A の不安が起きないように、安定株主を確保する対策案が提示されなければなりません。」

Ｇ：「安定株主を確保するための政策として、持株財団制度の提案をする。これについては、第６節で検討しよう。」

＜貯蓄国債と消費性向のアップ＞

Ｓ：「財政支出の財源が確保できるために、財政支出は豊かになり、財政消費支出により、国全体の消費性向は上がることになります。」

Ｇ：「また、この貯蓄国債は、贈与税がかからないということで、富裕層からその子や孫等への財産の異動が促進され、子や孫は消費性向が高いので、国の消費性向を上げることになる。」

Ｓ：「子や孫に大きな財産を与えると、生活が自堕落になり、教育上好ましくないということもあって、贈与を控えている親や祖父母は多いと思われますが、生活資金にしか使えない貯蓄国債であれば、それを利用した子や孫への贈与が進むでしょう。」

Ｇ：「富裕層から子や孫に配られた貯蓄国債から、毎月引き出される金額は、消費のための財源ということになる。」

Ｓ：「貯蓄国債は、毎月の消費と医療・教育等のための引き出ししかできないので、これが投資に回ることはほとんどないと思われます。消費性向は上がります。」

G：「そして、貯蓄国債は、生涯の生活の保障になるのだから、これ以上の蓄財で生活保障をする必要も子や孫の生活保障を考える必要もなくなる。所得の大きな部分を消費に回すこともでき、消費性向は上がることになろう。」

＜消費性向と投資資金＞

S：「しかし、消費性向を上げることばかりを主張する考えに対しては、企業に投資をして経済を成長させなければならないという志向の方からは反発があるでしょう。経済を成長させる資金が消費によって使われてしまうではないかという、反論が出てきます。」

G：「消費は美徳だなどという考えは、けしからんという考えは、昔からの伝統的な考えだ。アリとキリギリスのイソップ物語で、キリギリスを戒めアリをたたえる考え方だ。」

S：「その考えは、蓄財が大事だという考えです。生まれた付加価値をすべて消費してしまったら、投資の原資がなくなってしまう、貯蓄こそが投資を生み成長を生むものだという考えです。」

G：「生まれた付加価値をすべて消費してしまっては、経済は縮小してしまう、という考えは正しい。拡大再生産のための設備投資の原資は、消費されずに、確保しなければならない、という考えが必要だったのは、昔の話だ。現在の金融資本主義の病巣は、貯蓄や余剰資金はあるがそれを消費に使うことができな

いというところにある。」

Ｓ：「消費を増やせないから設備投資の需要も増えないというのが、現在の金融資本主義経済の病巣です。」

Ｇ：「消費に回らない剰余が増え、設備投資の原資が過剰に確保されるという仕組みになっている。だから、まず何よりも、消費性向を上げなければならないのだ。」

＜消費とインフレ＞

Ｓ：「我々が提案している経済政策が実行されて、消費需要が増えすぎるというようなことが起ったらどうなるのでしょう。」

Ｇ：「消費需要が増えすぎると、需要に応えようと、現存の遊休生産設備の稼働率が上がって消費需要に対応することになる。」

Ｓ：「遊休生産設備の稼働率が上がってもなお消費需要に対応できない場合は、続いて設備投資が盛んにおこなわれることになります。」

Ｇ：「その為の資金供給のパイプは、現在の金融資本主義経済の時代には、太い丈夫なものが出来上がっている。」

Ｓ：「消費財の生産増強による供給の勢いよりも消費需要の増大の勢いが強いというような事態が発生すれば、インフレが発生しますね。」

Ｇ：「インフレが発生すると賃金の実質価値がさがり、労働分配率が下がってしまう。消費財需要分配率 θ （＝労働分配率×消費性向）は下がり、第 1-4 節②式の消費財需給差割合 ω （＝消

費財需要分配率θ－消費財供給割合δ）は、マイナスの方向へといく。」

Ｓ：「インフレで労働分配率が下がることで、需給が均衡するというわけですね。」

Ｇ：「消費性向が上がりすぎるというようなことは、現在、考えられないことだが、消費財需要分配率θ（＝労働分配率×消費性向）は、たとえ、上がりすぎるというようなことが起きても、自動的に調整される。」

Ｓ：「需要超過のインフレは、そういうことでしょうが、不景気な時のインフレ、スタグフレーションの場合はどうなのでしょう。」

Ｇ：「需要超過ではないインフレは、いろいろな場合が考えられる。投資余剰資金がだぶついて、材料などへの先物取引の旺盛化による材料費の高騰などが考えられるが、これは投資余剰資金を、本書で提案した経済政策でコントロールすることでの解決方法しかない。特別に、先物取引などに使われる投資余剰資金に、税をかけるという対策も必要だろう。」

＜儲け第１主義・蓄財の排除＞

Ｓ：「現在の金融資本主義経済では、つまるところ、消費さえ増やすことができれば、設備投資は生まれ、成長が続くというわけですね。」

Ｇ：「人は、人々のために働いて、その結果感謝され報酬を受け

取ることで幸せを得る。金儲けと蓄財のために働くのでは、労働者は幸せにはなれない。」

S：「現在の停滞期の金融資本主義経済の時代は、儲け第 1 主義により膨らみすぎた蓄財が、健全な社会を破壊しているということですね。」

G：「この現状、その原因を、十分認識しなければならない。私たちは、今までの儲け第 1 主義・貯蓄第 1 主義の価値観ではだめだという危機感を醸成しなければならない。」

第 2 − 4 節　相続税で投機有価証券等の重課

S：「財産を投資して株などで財産を増やそうとすることが、消費性向を減らす一つの原因になっているわけですから、個人の消費性向を上げるためには、株等に投資してももうけが残らないような税制を作ればいいわけです。」

G：「そのための方策の一つは、相続税で投機有価証券に重課税を掛けるという税制だ。」

S：「投機有価証券を増やすことはいいが、子孫に残そうとすることは、やめるべき行為だという共通の価値観を国民が持つためには、そのような税制を選択するしかないでしょう。」

＜第１の反対論---貯蓄国債で対応＞

Ｇ：「しかし、有価証券に対して重課するという相続税を採用し
ようとすれば、色々の反対論が出てくる。」

Ｓ：「反対論の第１は、有価証券等を子孫に残すことで子孫に楽な
暮らしをさせたいという感情です。この感情を無視できません。」

Ｇ：「その気持ちに配慮した政策として、第３節で[貯蓄国債]とい
う制度を提案した。この貯蓄国債を、子孫の生活を保障するた
めの貯金と位置づけ、貯蓄国債への相続税は非課税にするとい
うものだ。」

＜第２の反対論---持株財団で対応＞

Ｓ：「反対論の第２として考えられるのが、同族会社の経営者から
の声で、有価証券に重課を掛ければ、同族会社の事業承継が困
難になる、というものでしょう。」

Ｇ：「その対策として、同族会社の事業承継のために、[持株財団
という制度]を、新しい税制として作ることが必要だろう。所有
権がなくなり相続税・贈与税は課されないのに、経営権は実質
的には保持できる、そして配当の受益権もかなりの部分を構成
員が享受できるようなシステムを考えよう。少し複雑な制度と
なるから、これは第６節で検討する。」

＜第3の反対論---優遇有価証券での対応＞

Ｓ：「反対論の第3は、有価証券に重課を掛けると、企業の資金需要への供給が妨げられるというものでしょう。有価証券の規制は、株式市場を衰退させてしまい、経済の発展が妨げられるという心配が生まれます。」

Ｇ：「その対策として、相続税で軽課税とする優遇有価証券を作ればいい。新規設立の会社や増資会社への増資引受株式は投機有価証券と区別し優遇有価証券とすればいい。」

Ｓ：「増資引受株式だけでなくて、政府が指定する研究開発会社への出資も、[優遇有価証券]に加えたいですね。」

Ｇ：「そのような[優遇有価証券]以外の有価証券を[投機有価証券]と定義し、[投機有価証券]にたいして、相続税を重課するという税制にすればいい。この[優遇有価証券]については、第5節で改めて検討しよう。」

＜海外への移住---出国税での対応＞

Ｓ：「第1、第2、第3の問題が解決しても、相続税の負担が大きくなるのなら、海外に移住するという人たちが出てきます。」

Ｇ：「それに対応するために、相続税等の改正の前に、あらかじめ、[出国税の制度] を完備しておく必要がある。出国の際には、相続税に倍する課税をするという制度だ。」

Ｓ：「すでに、日本は富裕層に冷たいということで、海外移住が問題になっているのですから、どのような税制をとるにしても、

この出国税を、早急に作ることが、日本の経済改革のためには必要なことですね。」

＜巨大金融資本の横暴---持株財団での対応＞

Ｇ：「有価証券を冷遇する場合に問題となるのは、そのような制度が、日本の株式の株式市場における低落を招くのではないかという点だ。」

Ｓ：「一般的に言うと、株式が低落すると、海外資本が日本の株を買い占めようとすることが考えらえます。海外資本による日本企業のM&Aなどがおこり、日本の企業に惨めなことが起きる可能性があります。」

Ｇ：「貯蓄国債のところで論じたように、M&Aに対抗するためには、先ほど提案した持株財団（第6節で考察する）が有効だ。企業がその資金を使って従業員や関係者に持株を持たせ、［持株財団という制度］を作り、多くの持株財団を作ることで、持株財団をたくさん作り、安定株主にすることができる。」

＜非課税の優遇相続財産の拡大＞

Ｓ：「それにしても、相続税を増税することには、反対論が強いと思います。反対論を説得するには、相続税非課税の優遇財産を広げる措置が必要ですね。」

Ｇ：「投機有価証券との重課と優遇有価証券の軽課税、貯蓄国債や持株財団の非課税という提案はすでに述べたところだ。」

S：「それ以外に、生活用不動産や小規模事業不動産の非課税とを組み合わすことが必要でしょう。相続税の重課には、借家や土地で零細な不動産所得を得ている人たちからの反発が強く出ると思います。」

G：「居住用の土地・建物などの生活用不動産については、小規模資産に限定して相続税非課税財産にし、小規模事業不動産の土地・建物（例えば 5000 万円以下）に対しても、相続税非課税財産にするというような優遇措置を取ったうえでの相続税重課が必要になろう。」

S：「小規模事業不動産は、昔ながらの大家さんの貸家などが該当しますね。」

G：「小規模事業不動産の投機性は低く、維持管理費に消えてしまい、投資資金に回る部分は少ない。このような財産は消費性向を下げる要因にはならないだろう。」

＜相続税の課税強化＞

S：「特例の優遇財産以外の相続財産については、税率 60％〜80％の税率の相続税を課するという税制が必要ですね。」

G：「それぐらいの税率にしなければ、消費性向を上げることはできないだろう。この税率強化は消費性向の動きをみながら変動させることにして、消費性向が必要な水準まで上がらなければ、さらに税率を上げ、必要水準以上に上がれば下げるという税制が必要だろう。貯蓄は美徳という価値観を、貯めるのでは

なく使う貯蓄国債で、という価値観に変えるためには、思い切った税制が必要になる。」

＜相続財産は不幸の原因＞

Ｓ：「子や孫のために財産を残すことは、結果的には子や孫のためにはなっていない、むしろ不幸をもたらす、という現実の姿を知的に認識する価値観も必要です。相続争いが仲の良い兄弟を不幸にするという事例は多いですし、相続財産を持ったばかりに生活が破綻してしまう事例も多いですからね。」

Ｇ：「自分で稼いだものでない、余分の財産を手に入れた人が、決して幸せな生活を送れるわけではなく、逆の場合が多いということを、世間の人は、よく知っている。自分の子や孫は例外で財産さえあれば幸せになれるなどという、情緒的な判断を捨て冷静な知性で判断するべきだ。」

Ｓ：「貯蓄国債と居住用財産さえ残してやりさえすれば、子や孫の生活は生涯保障されます。これこそが、子や孫のことを思った、最も素晴らしい遺産です。」

第２－５節　研究開発の促進と投機有価証券保有税

Ｓ：「魅力的な新製品が市場に出ることは、消費性向を上げるという結果をもたらします。新製品等の研究開発費に対しての奨

励策が国の経済政策として、好況対策として、必要です。」

G：「現在でも、研究開発費の増加した企業には減税するという税制が日本にはあるが、不十分だ。」

S：「その税制の充実拡大が必要ですね。さらに、国が開発補助金や無利息無担保の長期据置貸付金をどんどん出していかなければなりません。そのためには、財政資金を確保する必要があります。」

G：「それがポイントだ。これからの時代には、財政資金の増大が欠かせないということになる。」

＜個人消費の充足＞

S：「将来的に、国民所得がどんどん向上してくると、消費性向は、どうなるのでしょうか。国民が豊かになって、最低限必要で満足できる水準の商品がすでに購入済みとなり、家にあふれているということになると、消費性向が下がるのではないかという心配があります。」

G：「世界全体の貧困をみたら、とてもそのような心配をする状態ではないというのが現状だが、富裕層については、欲しいものがどんどん充足し、消費性向は下がっている。個人の消費に替わる消費は、公的な消費だろう。公的消費は、個人の消費が満たされない現在の状態においても、個人の消費と併存して必要とされている。」

＜公的な消費＞

Ｓ：「公的な消費ということになると、地球温暖化への対応策、地震・水害などの災害への対応策、食糧危機への対応策などがあります。」

Ｇ：「地球的な観点での危機対応が、必要になっているが、公的消費の財源となるべき国家財政がどの国においても貧弱なため、後回しになっている。」

Ｓ：「個々人の消費需要ではなくて、人類として必要とされている公的需要への対応が、取り組むべき課題としてあるということです。」

Ｇ：「そしてその様な公的需要に対応する研究開発が必要とされている。この研究開発の需要は、大きな消費需要ととらえなければならない。」

Ｓ：「気候変動や地震や津波や台風などの天災に対する防護対策、その研究推進や食糧危機への対応以外にも、宇宙からの危機あるいは宇宙への進出に対する需要、新しいエネルギーや資源の新規発掘・開発という需要、などがありますね。」

Ｇ：「このような研究開発に資金を使うことは、人件費への配分が増えることになるので、結果として、国全体の労働分配率を引き上げる効果もある。」

＜研究開発の資金＞

Ｓ：「政府が研究開発を行う組織に対して、予算を配分すること

や、民間の組織が将来の製品を開発するために研究開発の役割を担うのは誰でしょうか。」

G：「国とか、現存の大学などの機関、研究志向の企業ばかりでなく、研究開発の社団や非営利組織など、さらには研究開発のための新規の営利企業が、国の補助金や無利息無担保貸付金を当てにして、あるいは富裕層や持株財団の寄付を得ようとして設立されることが求められる。」

S：「貯蓄国債は、研究開発のための長期据え置きの無利息の貸付金の財源を提供するでしょう。持株財団の制度の普及は、研究開発企業への出資・寄付を生むことになるでしょう。」

G：「研究開発の社団や非営利組織の研究に対しては、国や国民や企業や持株財団からの寄付や出資が原資になるだろう。」

＜研究開発への寄付の優遇＞

S：「研究開発組織への寄付を増やすためには、研究開発への寄付に対する優遇税制が必要になります。」

G：「第 6 節で提案する持株財団に課される支出の福利基準％の経費中に、この寄付金は含めるとした税制が必要だ。

そして、寄付をすれば、その分、税金が減るという税制が必要だ。国が認定した、認定研究開発社団や大学等の研究機構を含む認定研究開発法人への寄付金は、所得税では税額控除されることとし、法人税では全額損金経費とする税制の改正が必要だ。」

Ｓ：「寄付した法人には全額損金経費とし、寄付した個人には全額税額控除として認めるという法人税・所得税の改正が必要です。」

Ｇ：「これは、寄付によって研究開発した成果に対しての見返りがあった場合でも優遇される必要がある。」

Ｓ：「寄付者の名前のリストを公表するとか、記念のメダルやトロフィーを渡すとか、成功した場合の発表会に招待するとか、開発した商品を進呈しますとか、恩恵を最初に味合わせてあげます等の、ささやかなメリットであっても、寄付する人のインセンティブになりますね。」

Ｇ：「こんな研究をしてくれるのなら、これくらいの寄付はしようという気持ち、将来の国や人類のためになることをしたいという気持ちを持っている人は、たくさんいるんじゃないだろうか。」

＜研究開発費への税制上の優遇＞

Ｓ：「各企業は、研究開発費をどう処理しているのですか。」

Ｇ：「研究開発費を繰延資産として処理している企業もあるが、繰延資産にすると法人税法上経費にはならず、法人税が増えるために、繰延資産にはせず経費処理をしている企業が多い。」

Ｓ：「研究開発費を繰延資産という資産で計上しないということは、その企業・組織の評価額が過少に計上されていることになりますね。」

G：「ということは、開発研究が、過少評価され、ないがしろにされた扱いをされているということになる。つまり、株主や金融機関に評価されることが可能な資産を、税を少なくするために評価していないということで、株主への研究開発投資の評価を低めているのだ。」

S：「企業は税を減らすために研究開発費を繰延資産にしないのですね。企業への税のせいですか。」

G：「そういうことだ。だから、設備や繰延資産は、取得時全額損金算入という税法改正が必要となる。そうすれば、研究開発費という繰延資産を資産に計上しても税法上不利になることもないし、設備投資や長期の研究開発投資が支出時に全額損金になり節税になるということで、これらの投資を大きく促進させる。」

S：「企業会計原則でも、研究開発費を繰延資産に計上することが正しい姿です。」

G：「研究開発費を繰延資産とすることは、研究開発の促進につながる。」

＜増資へ資金優遇：投機有価証券保有税＞

S：「認定研究開発法人の設立や増資に資金が集まりやすくするシステムが必要とされています。」

G：「認定研究開発法人への出資金だけでなくて、それ以外の一般法人への増資引受株式（取得してから5年以内のもの）や無利

息国債も、ひとくくりとして優遇有価証券とすることにする。」

Ｓ：「この優遇有価証券以外の株式を投機有価証券と定義しました。」

Ｇ：「法人が保有する投機有価証券や有利子預金や遊休土地に対して、投機有価証券保有税を課するという税制が必要とされている。」

Ｓ：「株式の売買のための投機資金はだぶついていても、リスクがある開発志向の株式、本当に必要とされている新規の設立株式や増資株式に資金が潤沢に行かないという欠陥が現代の金融資本主義経済においても存在しています。」

Ｇ：「この欠陥を補完することができるシステムを作ることは、素晴らしいことだ。」

Ｓ：「優遇有価証券以外の投機有価証券に対して保有税を課すことによって、投機有価証券ではなくて新規の会社への投資や自社の開発投資という優遇有価証券に金を使うという方向を、企業は目指すことになります。労働分配率の引上げにも寄与するでしょう。」

＜優遇有価証券＞

Ｇ：「投機有価証券保有税の対象から外される優遇有価証券の中身は、第１に国が認定した認定研究開発法人への出資金等だ。」

Ｓ：「国が認定した、研究開発社団や機構やその他の研究開発法人等の認定研究開発法人の増資引受株式ですね。」

101

G：「優遇有価証券の中身の第2に、一般法人の増資引受株式の、引受けてから5年間の保有株式も含ませる。」

S：「新たに投資をして新規需要に対応しようとする成長会社の増資株に投資しようとする投資家をバックアップすることで、新しい成長会社に資金が集まりやすくするのですね。」

G：「新しく会社を始めようとする企業家には、貸付金ではなくて増資引受株式として資金を提供する金融機関のシステムが必要だ。」

S：「投機有価証券保有税は、法人の保有する投機有価証券に対して毎年課税されるわけですね。」

G：「評価額の1〜3％の保有税が考えられる。」

＜投機有価証券保有税の効能＞

S：「投資有価証券で儲けられると経営者が思ったら、労働分配率を下げて賃金を支払った残りの留保で投機有価証券を取得しようとします。その投機有価証券の保有に税が課されるとなれば、労働分配率を下げてまで、投機有価証券を取得しようとする方向性は減退するでしょう。」

G：「投資有価証券保有税で、労働分配率は上がるという効果も出てくるのだ。」

S：「投機有価証券保有税は、法人にとっては、本業以外の株式で儲けようとしないで、本業に力を入れるようにプッシュすることになります。」

Ｇ：「そして、金融機関は、優遇有価証券を発掘し、その有価証券を売却することに注力することになる。金融機関は増資や開発を進め経済を活性化させる中心組織となるだろう。」

Ｓ：「投機有価証券に含まれている、幻想部分の評価を下げることはできないでしょうか。」

Ｇ：「企業会計原則では、有価証券は取得価額で、評価され、貸借対照表に計上されている。しかし、幻想で生まれた評価を計上することは、本来あるべき姿ではない。企業の本来の値打ちつまり純資産価額で評価して計上すべきだ。そうすれば、幻想によって膨らんだ虚偽の企業の評価が是正されるだろう。」

Ｓ：「圧縮される幻想部分の評価は、貸借対照表では減らされるのですか。評価損として有価証券の下行に△表示されるべきものですね。」

Ｇ：「これは、企業会計原則の専門家の判断を待つしかない。」

第２－６節　持株財団制度の創設

Ｓ：「第 3 節、第 4 節で、必要性が提示された、持株財団について、検討しましょう。」

＜第１の特典：財団への拠出金損金認容＞

Ｇ：「第１の特典として、法人企業が、保有する自己株式を、持株

財団のために従業員や関係先などに拠出した場合、その金額は
その拠出した企業の損金経費となるという税制改正が必要だ。
これは、安定株主を確保したい会社経営者への特典だ。」

＜第2の特典：財団への拠出金非課税＞

S：「持株財団は、株式を所有している個人が持株を一般財団法
人に拠出することで設立されるわけですね。」

G：「一般財団法人は、拠出金を受取ると、受取った法人の条件
により法人税が課される場合もあり、株式という有価証券を拠
出する場合は拠出者にみなし譲渡課税が課される。持株財団へ
の拠出金については、受け側も渡し側も無条件に非課税とする
という第2の特典を、税制改正で作る必要がある。」

＜第3の特典：相続税非課税となる事業承継＞

G：「第4節で、中小企業の事業承継のために、相続した同族会社
の持株に相続税が掛からないように、同族株式を、持株財団に
変身させることを提案した。」

S：「持株財団は持分のない法人ですから、所有権がありません。
個人の持分はないので、相続税・贈与税はかからないはずが、
税制改正で課税される場合があるようになっています。その税
制を変えれば、経営権を実質的には承継保持できるようになり
ます。」

G：「そして配当の受益権もかなりの部分を財団構成員が享受で

きるようにする。」

Ｓ：「相続税の課税財産である同族株式が非課税財産である持株財団に替わるわけです。」

Ｇ：「現在、日本の国内法で、一般財団法人の制度がある。一般財団法人は 300 万円以上の拠出金で設立される。」

Ｓ：「ところが、相続税の租税回避に使われる事例が増えたため、相続税が改正され、理事の過半数が同族である場合は、その理事が死亡したときに、一般財団法人に遺贈されたとみなして相続税を課すという、規定が追加されてしまいました。
持株財団のみなし贈与のこの規定を修正することがまず必要です。」

Ｇ：「この改正で、持株を持株財団に移せば、その持株は、相続税からは解放され、自由に事業承継ができるという特典が与えられる。この特典が、同族会社のオーナー株主には魅力になるだろう。」

Ｓ：「これが持株財団についての第 3 の税法の改正事項となります。
　この 3 つの特典で、持株財団を、特別な一般財団法人とするわけですね。この持株財団の特典を受けるための要件はどういうものでしょう。」

＜第 1 の要件：譲渡不可＞

Ｇ：「持株財団の特典をうけるための、第 1 の要件は、持株財団は、拠出や寄付で株式等の受け入れはできるが、いったん受け入れ

た株式等は譲渡が事実上できないようにする。」

S：「持株財団は、持株を譲渡して儲けることはできないのですか。」

G：「この要件に違反して、譲渡した場合は、その収入対価の70％の法人税を支払わなければならないとする。」

S：「譲渡が禁止されているわけではないが、よほどのことがない以上は譲渡しないようにするわけですね。」

＜第2の要件：福利等へ配分＞

G：「第2の要件は、所有する株式の受取配当収入は現金などで配当されてはならない。かつ、配当収入の福利基準％（60％）以上の金額は、その持株財団の関係者の福利厚生等の使用、または、第5節で定義した認定研究開発法人への寄付や出資の目的のために使用されなければならないというものだ。」

S：「つまり、受取った配当の福利基準％（60％）の金額は、新しい株式の購入などに使ってはいけないということですね。」

G：「持株財団の所有する株式への配当が、消費財の購入や研究開発のために使われ、投資の方へ行かないということで、消費性向を上げる施策になる。」

S：「福利基準％以上消費されない場合は、その消費されなかった金額に法人税の重課をかけるのですか。」

G：「持株財団は、福利基準％（60％）以外の金額、つまり 40％の枠内で、新たに株式を買うことはできる。しかし、40％以上

の金額で、株式を買うと、福利基準を満たす福利厚生等への配分ができなくなってしまうために、その分に対してペナルティの法人税重課（例えば70％）が課されるということになる。」

＜会員＞

S：「どんな定款になるのでしょう。」

G：「一般財団法人を設立するためには、評議員は3人以上、理事は3人以上、監事1人以上必要とされており、定款に、評議員の選出方法を規定する必要がある。持株財団の場合、評議員の選出は会員の投票で選ぶことにしなければならない。」

S：「会員を誰に限定するかによって、何種類かの持株財団を定義することになり、その持株財団の性格は異なってきます。」

＜第1分類：従業員等持株財団＞

G：「拠出された株式の法人企業の従業員・役員等の内希望する者を会員として登録した持株財団を、第1分類の持株財団としよう。法人企業の従業員・役員以外にも、その企業の仕入先、販売先、外注先等の企業の従業員・役員などの内希望する者も、それぞれ持株財団を作り、会員として登録できることにしよう。」

S：「製造する製品・サービスの最終段階までの得意先・ユーザーが参加できるようにしたいですね。この第1分類の持株財団は、［従業員等持株財団］と呼びましょう。」

G：「第1分類の従業員等持株財団には、地域別や職場別に、会員

を特定することで、一企業の持株財団を重複して何個も作れることにすればいい。」

S：「それぞれの持株財団は、評議員をえらび、評議員が理事を選び、理事会で理事長を選ぶことになります。理事長は持株財団が所有する株式の株主総会に、持株財団の代表として出席し、持株財団が所有する持株分の議決権を行使することができるわけです。」

G：「そして、それぞれの持株財団が独自の基準で、その会員とその家族の福利厚生等のために、受取った配当を使うということになる。」

＜第2分類：同族持株財団＞

G：「そして、第2分類として、拠出された株式（純資産が10億円以下の法人と限定する）の拠出者とその相続人を会員として登録した持株財団を作れることにする。」

S：「この第2分類の持株財団は、［同族持株財団］とよぶことになります。」

G：「同族持株財団は中小企業の同族株主の事業承継のための恩典だ。」

＜メリット：消費性向アップ＞

S：「第1の要件は、持株財団は、受け入れた株式等は譲渡しないというものですから、持株は原則として二度と株式市場には出

ていかないということです。投機的な株価の動きへのけん制効果がうまれますし、安定株主になりますから会社の運営に安定を与え、長期的な利益追求ができる体制に寄与することになります。」

G：「第2の要件は、定款に、この評議員の会員及びその家族の福利厚生、親睦、健康的・文化的な生活の向上を目的として、規定するというものだから、配当の内福利基準％（60％）以上が消費需要に向けられるということになる。配当が消費性向を上げるために使われるという狙いがある。」

S：「この第2の要件でいう配当収入の福利基準％（60％）以上の金額を、その持株財団の関係者の福利厚生等の限定された目的のために使用するとは、どのような支出が考えられるのでしょう。」

G：「現金給付は、配当になるから、許されていない。会員及びその家族のための、各種学習のための授業料、観劇・音楽会等のチケット代、入所施設費、スポーツクラブの会費、国内旅行の旅費・宿泊費などの費用への福利厚生給付が、みんなに平等にわたるように支出することになる。この福利厚生給付等の支出には、第5節で提案した認定研究開発法人への寄付金が含まれる。」

S：「この持株財団は、解散できないのですか。」

G：「解散についても制限を置かなければならない。解散の際の財産は、持株財団か公益法人や国等に寄付すると、定款に定め

ることが、持株財団の第3の要件になる。」

＜メリット：健全経営＞

Ｓ：「この持株財団は、持株企業の将来に安定的な配当を望む集団ですから、目先だけの短期的な利益追求による株価の上昇などは考えない健全な経営が安定的に確保されることになりますね。」

Ｇ：「また、従業員やユーザーや下請けなどが株主になることで、その人たちの意見が企業経営に反映され、企業民主主義の実現が期待される。」

＜同族持株財団＞

Ｓ：「同族会社を経営しているオーナー社長にとっては、経営に対する支配権が引き続き維持できるかどうかということが、重要です。」

Ｇ：「一般財団法人の評議員は3人以上、理事は3人以上という縛りになっている。評議員の選出母体である会員を、現在の株主とその直系親族とする同族持株財団を作れることができる。オーナー社長としては、自分が持株財団の理事長に選出されることができ、そうすると、拠出した株式の法人企業の総会に、持株財団の代表として、所有する株式の権利をもって出席できることになります。」

Ｓ：「株主総会で自分を社長に選ぶことができるわけですから、

株式を持株財団に拠出してしまっても、自分が持株会社を支配
できることには、変わりありません。持株に対する相続税が免
れるために、持株財団を選択する可能性は大です。」

G：「自分の後継者としたいと思っている子供に対しても、理事
のメンバーの支持が期待できるならば、事業を子供に継承する
ことができる。」

S：「生前に後継者を持株財団の理事長にしておけば事業承継は
問題なしということになります。」

G：「配当収入は、オーナー社長が個人で株を持っていた時には、
すべて自分の収入になりますが、持株財団に拠出したら、自分
の収入になるはずだった分の福利基準％が福利厚生等に消えて
しまうことにはなるが、福利厚生の恩典に自分も浴することに
なる。福利厚生に使うのが嫌なら配当を下げて、その分持株会
社の役員報酬を上げるなどをすればよい。オーナー株主には、
メリットは多いシステムだ。」

S：「しかし、この第２分類の同族持株財団は、同族株主に特典を
与え過ぎだという批判が出そうですね。」

G：「有価証券で儲け、その保有で蓄財をして金持ちになること
が認められる現在の投機的株式売買市場のシステムを変えよう
とすれば、実質的には現在の中小企業の同族会社のオーナーに、
その会社への支配権を持ち続けることを認めるという妥協案は、
必要なものだ。」

S：「持株財団の評議員が選挙で理事を選び、理事が理事会で理

事長を選ぶのだが、1人1票の議決だから、経営者として適格な人物が、選出されることになるという期待も生まれます。」

＜従業員等持株財団＞

Ｓ：「上場株式のオーナーにとって、この持株財団の制度はどう受け止められるでしょうか」

Ｇ：「持株財団を作りその持ち株比率が上がれば、株価が下がっても、持株財団から支持される経営をやれば、経営者としての地位は安泰だということになる。そして、何よりも緊急の課題として、国際金融資本によるM&Aなどの心配に対応できるというメリットが生まれる。」

Ｓ：「株価が急激に下がった場合などに、巨大な国際資本によって、企業が乗っ取られないかという心配への対応ですね。」

Ｇ：「企業の現在の株主は、いわゆる機関投資家と言われる金融機関と一般企業と個人だ。株式の売買で利益を得ようとする者が、ほとんどなのだから、国際資本によってM&Aが仕掛けられて高値で買うと提示されれば売ることになるだろう。このようなM&Aに対応しようとすれば、売買の利益を目的としない持株財団という株主を増やせばいいことになる。」

Ｓ：「株価が下がる傾向を作るという反対意見も出るでしょう。」

Ｇ：「しかし、逆に、株価が下がることへの不安が持株財団の必要性を経営者に感じさせる要因になるだろう。財源は、会社の蓄積から支払えば、経費となって法人税の減税になる。減税策

112

として使える支出で持株財団を作れるのは、経営者としては魅力だろう。」

Ｓ：「従業員や取引関係者も、福利厚生の充実という恩恵を受けることができるというメリットがあり、間接的ではあれ会社の経営に対し、経営参画することでのメリットが生まれます。」

第２－７節　出国税と国際有価証券取引税

＜出国税＞

Ｓ：「ここまで提案してきた経済政策は、今まで株の売買で儲けていた人たちや多額の有価証券を保有している人たちにとっては衝撃的なものです。これらの政策が実行されるのではないかという可能性が、現実性を持つと、株価が下がるということになるでしょう。相続税の強化が現実的になると、資産をもって国外に移住しようとする富裕層が増え、海外の有価証券への買換えが増えることになります。」

Ｇ：「政策の可能性がありうると考える富裕層は、すぐにでも実行をするだろう。そうでなくても、現在の日本の税負担が海外と比べて大きすぎるといって、富裕層の海外移住は、すでに増加していると思われる。」

Ｓ：「それを防がなければ、国内経済を支える資産が急激に減少していくことになり、税収の減少等いろいろの混乱が生まれま

す。早急な対策が必要ですね。」

G：「平成 28 年度税制改正で、日本では、出国税が生まれている。これは、時価１億円以上の有価証券を持っている個人が海外移住した場合は、その含み益に譲渡所得税を課税するというものだ。」

S：「含み益のある有価証券を持っている人が、海外に行ってしまったら、その有価証券を売ったときに、税収として入るはずの、含み益に対する譲渡税が、国としては取れなくなってしまうから、出国の際に取ろうというものですね。」

G：「しかし、現行の出国税では、海外移住の抑制としては力不足だ。海外移住の際には、その時点で死んだとみなし、相続人は一人とみなした相続税に相当する金額の２倍を課税するというぐらいの出国税が必要だ。」

S：「財産をもって海外に移住しようとする富裕層は、自分の所得や財産が税でとられることから逃れるために、国籍を捨てようとする、不心得な人たちですから、その歯止めをしなければならないと思います。」

＜国際有価証券取引税＞

G：「そして、この出国税の強化とともに、必要な税制は、第１－８節で説明した、トービン・タックスだ。」

S：「海外に有価証券を譲渡して、国内の株価の下落に対応しようとする動きを、前もって抑制しようとすれば、国際有価証券取引税：トービン・タックスが、必要になります。」

G：「そもそも、なぜ国際有価証券取引税が必要かというと、過去、国際的な金融バブルが繰り返して起きたからです。国際的な資金の移動が激しく起こり、その結果バブルの崩壊で大きな不況が起きたという歴史を、忘れてはならない。」

S：「有価証券を海外に譲渡するときや、海外の有価証券を取得するときに、譲渡益課税とは別に、取引高の数％の取引税を課税するというのが、国際有価証券取引税ですね。」

＜法人海外移転税＞

G：「日本の株式などの有価証券が、国際金融資本の投機の対象になり、資本の移動により、大量失業などが発生しないように防がなければならない。日本経済が国際金融資本の投機の対象になることや、管理されることのないようにしなければ、国内の雇用や税収が損なわれてしまう。」

S：「本店の海外への移動、営業権の海外への売却、海外の企業に吸収される合併、などに対しては、移動する財産の 50％程度の取引税の制度：法人海外移転税を作るべきでしょう。」

G：「国際的な協調経済で労働分配率税が各国の経済政策にとりいれられ、消費財需要分配率（＝労働分配率×消費性向）を上げる経済政策が各国で採用されるようになり、国際的金融資本の勢いが弱まるまでは、海外との壁を高くする必要がある。」

S：「しかし、心配なのは、国際的に孤立した経済になってしまわないかということですが。」

G：「まず、各国が不況から解放され、バブルやバブルの崩壊で乱されないようにコントロールされた経済を確立することが必要で、その後に国際協調により助け合いができるようにならなければならない。それまでは、国際的な孤立と思えることがあってもある程度の期間、我慢しなければならない。」

第2-8節　短期有価証券取引税・譲渡税

＜短期有価証券譲渡所得税＞

G：「現代の金融資本主義経済の最も深刻な病巣である、金融バブルとその崩壊による大不況を抑制するためには、投機的な有価証券の取引を抑制することが必要になる。」

S：「現在は、コンピューターによる取引ですから、一瞬のうちに株価が上がり、一瞬のうちに下がるという、金融賭博が行われています。」

G：「土地の譲渡についてみれば、現在の日本の所得税では、短期所有の土地の譲渡所得に対しては、長期所有の土地に対する譲渡所得税の倍近い税率で、課税されている。この税制は、土地の投機的売買を防ぐ効果があったと思われる。」

S：「同じように有価証券の譲渡についても3年以内の短期所有の有価証券の譲渡益に対しては、60％以上の税率をかけるべきです。個人に対しての有価証券譲渡所得税を変えなければなりま

せんし、法人の有価証券譲渡に対する法人税も変えなければなりません。株の値上がりを期待してそこで儲けるのも、経営に不満で株を売却するのも、購入してから3年は待つというのが、健全なやり方でしょう。」

G：「現在の日本の税制では、株式の売買を奨励し、株価を上げていくための税制を採用しているため、有価証券の譲渡益に対しては低い税率でしか課税されていない。この有価証券への優遇課税をやめるべきだ。」

S：「株価を上げることを経済政策の基本に置いているこの考えを、まず、修正しなければなりません。株価は、投機で維持されるものであってはならないのです。」

G：「そのとおりなのだ。株価が、実際の値打ちを評価したものとなることが、正常な経済にとっては必要なことだ。」

S：「株価の上昇を経済成長の指標としてとらえ、とにかく株価を上げようという、現在の経済価値観を崩す必要がありますね。」

G：「投機へ資金を運用すれば儲かるというムードが出来ている場合には、資金は投資に使われることになって、消費性向は下がる。」

S：「しかし、株式の値上げで儲かるのがうれしいという人は多いと思います。株やファンドなどの短気的な金融商品の売買は、ギャンブルですから、その魔力に取り込まれた人は多いと思います。」

＜短期有価証券取引税＞

Ｇ：「そのような、有価証券のギャンブルを抑制しようとすれば、投機・利殖で儲からないような経済システムを作らなければならない。短期の金融財産の売却には高い取引税を掛ける税制が必要になる。例えば、購入してから売却するまでの期間が１年以内であれば 2%、3 か月以内であれば 5%の、短期有価証券取引税を、売却差益に対しての譲渡所得税とは別に、取引額に対して課すという税制が必要だ。これは、個人に対しても法人に対しても、海外の取引者にも課されるべきだ。」

Ｓ：「これには、株を売買している人たちから、大変な反発が出てきます。」

Ｇ：「株式などの有価証券は、本来、値上げによって儲けるためにあるのではない。設備等の投資資金を提供してそこから配当を得るというのが本来の姿だ。決して、マネーゲームをするためのものではない。」

Ｓ：「そのような正論が受け入れられるのでしょうか。」

Ｇ：「あれだけタバコを吸う人が多かったのに、理性によって今は、喫煙人口は少数派になっている。株価の変動に夢中になっている人も、理性によって少数派になるだろうと期待するのは間違っていないだろう。賭博行為は、どの国でも大きく規制差ている。」

Ｓ：「投機的な投資に対して、冷たい仕打ちをすると、お金持ちは海外に逃げていき、税収が減ります。」

G：「海外に移住しても、全部のお金を持って行ってしまわない
ように、国外移住者に出国税を課すという税制がまず必要だ
ね。」

S：「しかし、この点も、国民の合意をどうやって作るかという
大きな課題に帰結します。」

G：「われわれの未来は、人間の理性が、株式等の売買という博
打行為の麻薬に対して、立ち向かえるかどうかにかかっている。
そのための国民の合意が作られなければならない。」

第3章　国際経済

第3−1節　国際収支のひずみの拡大

S：「第1−2節の輸出入と好不況の節で、輸出の増加によって経済を好況に保ち続けることは不可能だという考察をしました。第2章−1節、労働分配率税では、労働分配率のアップで好況を保とうとすると、長期的には各国の労働分配率も同じように上げることが好ましいということになりました。そのための、国際協調の重要性が浮かび上がってきました。ここで国際経済についてもう少し掘り下げて考察してみましょう。」

＜国際収支の現状＞

G：「国際経済の現況については、新経済学シリーズ No.2 の金融資本主義経済の特質の考察の繰り返しになるが、以下の2つの図をみることにしよう。」

S：「これは、IMF の統計データをもとに日本銀行国際局が作成した国際収支統計の図です。」

G：「この（図表 67）をみると、アメリカの巨大な純資産のマイナスを日本やドイツや中国の純資産がカバーしているというこ

とがわかる。」

Ｓ：「中国や日本の外貨準備がおおきいことも、驚きです。」

Ｇ：「アメリカのドルの信用で、現在の国際経済はかろうじて維持されていることがわかる。アメリカの対外純資産のマイナスの増加が進んでいること、そして、日本・ドイツ・中国などの対外資産の増加が止まらないことが、国際経済のアンバランスという病巣を増大させているといえる。」

Ｓ：「日本・ドイツ・中国の対外資産の増加が止まらないことの原因は、これらの国の貿易収支が黒字を続けてきたというところにあります。つまり、これらの国は国内消費を犠牲にして、企業が輸出により大きな収益を得てきたことに原因があります。」

Ｇ：「企業の剰余の部分が増大し、労働分配率の増加が十分できず、労働分配率×消費性向が上がらなかったから、国内消費が抑えられたということだ。」

Ｓ：「次の図（図表66）をみると、そのアンバランスは増大の一方です。」

Ｇ：「このアンバランスは国際経済・政治に危機的な懸案項目を生み出している。」

（図表６６）対外純資産の国際比較（時系列）

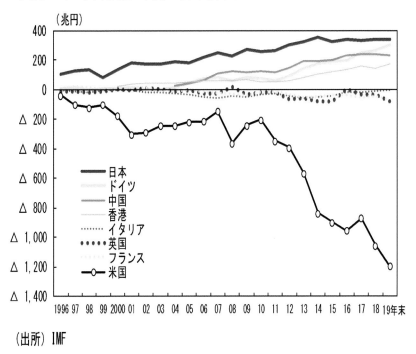

（出所）IMF

＜輸出奨励とグローバリゼーション＞

S：「第１−６節（消費性向）以来みてきた①式を再掲します。」

消費財需要分配率 θ

＝労働分配率 ρ ×消費性向 μ

　　　　+財政消費分配率 θ f　+消費財貿易収支分配率 θ o---①

G：「日本・ドイツ・中国などでは、①式の第３項の消費財貿易収支分配率 θ o を増やし、消費財需要分配率 θ をプラスにして、好

123

況へとシフトできたので、労働分配率 ρ ×消費性向 μ 、等を増やす必要がなかったということになる。」

S：「日本・ドイツ・中国などでは、国内消費を犠牲にし、その結果が対外純資産の増加になったわけです。」

＜反グローバリゼーション＞

G：「逆にアメリカ・フランス・イギリスなどでは、国内消費を海外の商品に奪われてきたわけで、その消費に対応する工場等が国内に必要とされなくなったということ、つまり産業の空洞化、したがって雇用の空洞化が発生する基盤が生まれたということになる。」

S：「他国からの輸入商品に対して関税をかけても、自国の商品の価格競争力を維持すべきだとする政策、反グローバリズムの動きが、国際的に問題になっています。」

G：「関税障壁を取り払って自由な競争ができるようにすべきだというグローバリゼーションの波が進んでいたが、2016 年前後から、逆風が吹いている。反グローバリズムの波だ。」

S：「ヨーロッパにおける移民反対運動や 2016 年のトランプ大統領の当選、イギリスでの EU 離脱は、反グローバリズムの波だということができます。」

＜グローバリズムの問題点＞

G：「それぞれの国々で、労働者の賃金や熟練度、豊富で低廉な

資源があるかどうか、歴史的文化的背景、国民性などに応じて、最適な商品を作り、輸入輸出により供給し合うことで、世界経済として最も効率的な生産構造を求めるというのが、グローバリズムの考え方だ。その考えは間違ってはいない。」

S：「単純労働を中心とした工場は、低賃金の国で稼働した方が効率的だということになり、賃金の高い国では、単純労働ではなくて、熟練労働や知的ノウハウを使った労働とか、知的財産を作る労働とか、高精度の機械設備を使った複雑労働とか、研究開発の労働とかを生かせるような、その国に適合する工場をみつけるべきだという考えですね。」

G：「一番効率的な組み合わせができる生産を求めるべきだということは、原則的にはいいのだが、実際にその分業体制をどのように作るかは、今の経済の仕組みの中では、簡単なことではない。失業とか不況とか、色々と抱えている問題があるからだ。」

S：「根本的な問題は、グローバリズムそのものは、それによって今不足している消費需要の総額を増やせる仕組みにはなっていないということです。」

G：「その結果、急激なグローバリズムは、失業や不況などの各国が抱えている問題を大きくしてしまうということだ。」

S：「急激なグローバリズムに適応できない国では、工場の空洞化と失業そして不況が起こるということですね。」

G：「だから、貿易の拡大以前の問題として、現在各国が、不況

を克服できないでいるということの解決が先だということになる。」

S：「失業や倒産をうまく処理し、消費需要の不足を解消し、消費財需要を増加させるという解決策が、貿易の振興の前に、必要になっているわけです。」

G：「失業や倒産そして消費需要の不足をそのままにして、この解決策として海外市場を狙うというスタンスでのグローバリゼーションは、間違っている。」

S：「グローバリゼーションは、外国への輸出商品の製造に特化している輸出適応型企業にとっては、ありがたい政策です。」

G：「しかし、輸入商品と競合して価格面や性能面で劣っている商品を製造している企業、このような企業には弱小な企業が多いだろうが、このような輸入商品への不適応型の企業にとっては、関税を下げてしまうことは、競争に負け、売上が減少することになり、倒産する可能性さえあることを意味する。」

S：「グローバリゼーションは、このような輸入不適応型の企業を倒産や合併で整理して、輸出適応型の大企業・優良企業を育てるということを意味しています。」

G：「我が国も TPP 交渉に際しては、農業や畜産業そして町の小さな製造業などといった輸入不適応型企業は、整理される不安を表明し、輸出適応型企業を代弁している政府は、TPP 推進を主張した。」

S：「輸入不適応型企業が整理されるということは、失業が発生

する可能性が多いということです。」

G：「グローバリゼーションは、自国の廉価な商品を、関税障壁をなくすことで海外へ売り込もうという考えだから、売り込まれる側の国では、廉価な商品に負けた工場は閉鎖され失業者が生まれるという場合もでてくる。」

S：「失業の不安を目の当たりにしたアメリカの労働者は、中国や日本などの商品によって失業者が増えたと認識し、不況の原因はグローバリゼーションにあるとの判断を下しました。」

G：「その結果が、トランプ大統領の 2016 年の誕生につながったと言えるだろう。」

S：「それでは、グローバリゼーションを否定して、一国経済や保護主義の経済を肯定せよということになるのでしょうか。」

G：「そういうことではない。経常的な輸出を輸入よりも大きくすると、貿易収支は黒字になり、好況をもたらすことになるのは確かだ。しかし、そのようなやり方に注力することは、自国の消費拡大への努力を怠り自国の需給健全化を損ない自国の経済を痛めてしまい、同時に輸出の相手国の貿易収支の赤字を作ることになり、相手の国の経済を痛めてしまう。」

＜空洞化の現実＞

S：「経常収支が赤字になった国は、自国の需要を、経常収支黒字の国からの輸入商品にうばわれ、自国の供給が過剰になった結果、不況が生まれ、空洞化の現象が起こってしまったので

す。」

G：「それが刺激になって、国際競争力のある商品を生む努力を
すれば、経済体質が改善されるのだから、一時的な失業は乗り
越えて、グローバリゼーションを進めるべきだというのが、現
在の主流の考えだ。」

S：「失業は一時的なものになるのでしょうか。」

G：「輸出が伸びて新しい工場が建設されれば失業は吸収される
ことにはなる。国内経済が健全にうまく回っていれば、そうい
うことになるだろう。」

S：「それは、国内経済が、好況を維持できていて、輸出に頼ら
なくても自国の消費需要を順調に増加させ、うまく回せている
場合の話です。」

G：「自国の消費需要を伸ばす努力をしないで、不況から逃れる
ことはできない話だ。」

S：「労働分配率×消費性向をアップすることで、消費需要を伸
ばす経済政策をとらないで、輸出を奨励するという策に頼るこ
とは間違っているということですね。」.

G：「現在の世界経済の混乱の原因は、どの国も消費需要が不足
しているというところにある。」

S：「先進国の首脳会議で自由貿易が推進され、発展途上国から
の低賃金労働者の移動が進められていることに、先進国の労働
者が危機感を感じているのです。労働者の票がアメリカのトラ
ンプ大統領に投じられたのも、イギリスが EU から離脱したのも、

フランスで急進的右翼の大統領候補が人気を得たのも、消費需要の減退から起きた空洞化が原因になっているからです。」

G：「それでは、解決のための政策は何かを考察しよう。」

第 3－2 節　空洞化の混乱への対応策

＜健全な貿易ルール＞

G：「労働分配率や消費性向を改善するという国内経済政策を行い、個人消費を継続的に増加させた経済を実現しなければならない。そして、その経済政策を行おうと思えば、国際協定によって、健全な貿易ルールを作る必要がある。」

S：「どのようなルールでしょうか。」

G：「プラスマイナスゼロの貿易収支を目指すこと、これが必要とされる第 1 の貿易ルールだ。」

S：「貿易収支が黒字でも赤字でもダメだということですね。」

G：「第 1－2 節で考察したように、貿易収支の変動は、好況不況の変動の原因となる要因だ。

だから、どの国も輸出を拡大しようと躍起になっている。それを抑えて、お互いに貿易収支をゼロにしようという目標を、基本として認め合うということがまず、第 1 歩だ。」

S：「しかし、その基本を認めたとしても、貿易収支のバランスが回復するわけではないでしょう。」

G：「そのとおりだ。貿易収支の黒字の国は、自国の消費需要が少ないから黒字になったのだということを認めて、自国の消費需要を増加させるための改善に努力をする必要がある。」

＜労働分配率×消費性向、のアップと関税＞

S：「自国の消費需要を増加させる改善の具体的な政策は、労働分配率の増大と消費性向の引上げですね。」

G：「国内消費需要＝[労働分配率×消費性向＋財政消費分配率]の向上に努力をするということが、何よりも大事なことだと認識する必要がある。」

S：「国際収支の現状からいえることは、中国・ドイツ・日本などは自国の消費財需要を、労働分配率×消費性向の向上で改善しなければならないということになります。労働分配率のアップ・消費性向の向上の努力の足りない国へはペナルティが必要だ、ということを国際的な共通認識とすることが必要です。」

G：「その努力が不足しているのだ。貿易収支黒字が減少しない黒字巨大国に対しては、貿易赤字国は赤字の原因になっているその国に対する関税を上げてもいい、と主張してもいいのだ。」

S：「我々は、その主張を国際ルールとして認めるべきです。」

G：「逆に黒字国は、その黒字の原因になっている赤字国に対する関税を下げなければならないというルールを、国際的に認めるということが必要だろう。」

S：「輸出を増やすのはいいけれども、同時に自国の消費需要を

増加させて、輸入も増やして、貿易収支を均衡させるという経済政策を、各国が実行することが、世界経済のため、世界平和のために必要ですね。」

G：「黒字国は、自国の労働分配率×消費性向を上げることによって、自国の消費需要を引き上げる義務があるということを、認識しなければならないのだ。」

S：「自国の消費需要を引き上げる努力をして、かつ、他国からの関税をゼロにしても輸出入のバランスを改善できなかったならば、その差額分を、後発開発途上国への援助に使うべきではありませんか。」

G：「国際協調が進んでも、特定の輸入商品が増える国で、その輸入商品に侵食されるライバル商品を作っている企業にとっては、厳しい状況が生まれる。企業の整理や失業の問題は避けられない。それに対応する失業対策を中心としたセーフティーネットを厚くする経済政策が必要だ。」

S：「このような国際ルールと各国が失業者等への厚いセーフティーネット、例えばベーシック・インカムのような貧困層対策を取り入れることを前提として、グローバリゼーションが認められるということですね。」

第3－3節　後発開発途上国対策

G：「後発開発途上国になぜ工場が作られないか、という問題を解決すれば、労働人口の移動による先進国の労働者の問題も解決する。」

S：「何が後発開発途上国の設備投資の増加を妨げているのでしょうか。」

＜教育・インフラ整備の援助＞

G：「①労働者の労働の質の問題、②政情不安定の問題、③公共設備インフラの貧弱さ、そして④後発開発途上国国内の所得分配の問題、などが考えられる。」

S：「①②の問題は、教育の貧困に起因する。国際的な教育環境整備の援助が、国際経済の発展のためには必要です。」

G：「貿易黒字国は、黒字の内の一定割合を、後発開発途上国のインフラ整備や教育環境整備のために、無償援助するということを、国際貿易ルールとして、掲げるべきだろう。」

S：「後発開発途上国に工場を作るためには、教育環境などが必要であり、そのための援助がなければ、後発開発途上国の経済的な発展は望めないということを、先進国の経営者や政治家が、そして国民が理解することが必要ですね。」

＜後発開発途上国での所得配分＞

Ｇ：「④で掲げた、国内の所得分配の問題は重要だ。」

Ｓ：「消費需要が後発国の国内商品に向けられず、国外からの輸入商品に向けられていること、国外からの援助や国内企業の剰余が、国内にとどまらず、国外の投資に逃げてしまっていることが問題です。」

Ｇ：「後発開発途上国には、国内産業育成のための関税は認められるべきであり、その関税収入で国内産業への補助金とすべきだ。」

Ｓ：「国外への資本移動にも課税が必要です。後発開発地途上国では、国内にある資本は、国内投資に回すべきです。」

Ｇ：「国外有価証券保有税の高率の課税が必要で、国内資本は無理やりにでも国内投資に使われるようにすべきであり、国内消費需要を作るために、労働分配率×消費性向を引き上げる経済政策が必要だ。増資引受株式（取得してから５年以内のもの）以外に対する投機有価証券の保有税などや労働分配率税などが有効だと思われる。」

Ｓ：「政府の財政基盤がぜい弱だという問題があります。」

Ｇ：「財政資金が不足する場合は、先進国が無利息借款としてねん出すべきだろう。ただし、先進国の援助には、条件として、以上で述べた経済政策の実行を引き換えにしなければならない。」

Ｓ：「国外有価証券保有税の高率の課税や低い労働分配率に対す

る課税が税制として確立されることを条件として、先進国が借款などの援助を行うことが、開発途上国の経済発展につながるということですね。」

第3−4節　国際金融資本の暴走への対応

＜国外への資本移動＞

G：「日本の海外との取引についての経済政策を、まとめてみよう。」

S：「国内での金融取引にうまみがなくなると、日本の金融資本は海外へと逃げてしまいます。」

G：「資本の移動は、現在の金融資本主義の時代では、一瞬の有価証券の売買で行われてしまう。資本の移動そのものは止めようがない。しかし、第1−7節でも述べたようにEUにおいては、トービン・タックスと呼ばれる金融取引税が実現化する動きがある。フランスでは既に 2012 年に導入しており、イタリアでも 2013 年に導入している。」

S：「バブルの発生を抑えるためには幻想有価証券の増殖を抑制する政策が、まず何よりも必要です。」

G：「そして、特に短期間での売買を厳しく規制することが必要とされる。第2−5節で提起した国際有価証券取引税や第2−6節で提起した短期有価証券取引税が必要になる。」

S：「富裕層が海外に移住して、外国籍をとってしまうという現象も起きていますね。」

G：「その問題には、出国税・法人海外移転税と国債有価証券取引税制度が必要だろう。海外の多くの国が、富裕層を国外に移住させないための政策を実行しているのが現実だ。」

S：「工場を国外に作るよりは、国内の工場に安い賃金の海外の労働者を移民させるということで、国際競争力を維持しようとする動きもあります。アメリカやヨーロッパでは、移民労働者に追い出された、その国の労働者の不満が、反グローバリズムの波を起こしているようです。」

G：「国内経済が好況を維持しているときは、移民労働者は経済成長を支える存在になる。しかし、不況の場合、その国の労働者が失業者になるという事態も発生するだろう。問題はその国の経済を不況からどう守るかということだ。不況対策ができないのに、移民労働者を受け入れるな、という主張は当然だ。」

S：「結局は、労働分配率×消費性向、を必要な水準まで引き上げることです。そうすれば、好況が維持され、失業は生まれませんから、移民を受け入れることができます。」

第４章　経済政策の実行の順序

S :「第２章で１節〜8節にわたり、新しい経済政策を提案しました。これをどう実行するかということになります。」

G :「物事には、順番がある。何から手を付けるべきかをステップごとに考えていこう。」

＜第 1 ステップの提案：出国税・法人海外移転税と国際有価証券取引税＞

S :「まず、政策を提案できるためのガードを作る必要があります。」

G :「それが第 2−7 節の、出国税・法人海外移転税と国際有価証券取引税だろう。」

S :「日本よりも税金が軽い海外に移住したいと願う富裕層は多いようで、これをけん制したいというのは、国民の大多数の声です。海外移住の際には、出国の時点で死んだと仮定して、その場合に課税される相続税の２倍を課すべきだという出国税法は、すぐにでも立法化すべきでしょう。個人に対する出国税と同じように、法人に対しても同じように、法人海外移転税を作って

おく必要があります。」

G：「そして、EU 諸国のトービンタックスに対応した、国際有価証券取引税だ。」

S：「国際的なバブルが生まれないように防ぐためには、ぜひとも国際間の株式の取引に制限を掛ける必要があります。」

G：「これは、低い税率でもいいから早急に作っておきたい税制だ。」

＜第２ステップの提案：持株財団制度＞

S：「次に、取り組みやすい政策として、相続税の強化や有価証券冷遇の政策を行なえるための素地を作り、中小企業の事業承継を可能にし、消費性向を上げる効果も期待できる持株財団制度（第２−６節）だと思います。」

G：「安定株主対策をしておかなければ、国際金融資本によって、国内の会社が無茶苦茶にされる危険性がある。国際的にも比較的安定しており、資金の移動先としては世界からねらわれている日本の企業にとって、投機対象にされて、M&A を仕掛けられても、踏ん張れるように、安定株主対策は必須のものだ。」

S：「法人税法で、一般財団法人に持株財団の規定を設けることで、持株財団制度は簡単に作れます。持株は譲渡できないという制限を付け、持株財団を安定株主として作り上げることで、

M&A に対する防御策になります。」

G：「従業員等持株財団（第 2−6 節）は、従業員や関係会社の協力のもとで、いくつもつくることができ、強力な安定株主グループとなる。そのうえ、配当の内福利基準％は消費に回すという制限を付けることで、消費性向のアップが実現でき、好況傾向へのけん引力になるという優れものだ。」

S：「同族会社のオーナー株主にとって、同族持株財団は魅力的なものになります。持株財団を相続税上の非課税財産にするということで中小企業の事業承継対策が実現できます。」

＜第３ステップの提案：貯蓄国債＞

S：「第2−3 節の貯蓄国債はユニークな提案だと思います。」

G：「貯蓄国債は、無利息。それに、1 か月に引き出せる金額は最低賃金の2倍までと医療・教育等の支出に制限され、償還額が安定しているところがみそだ。財政支出の財源として強力なものとなり、財政消費を増やすことができる。」

S：「この政策を実行した結果、貯蓄国債を持っている人が増えると、その人たちは将来の生活に不安がなくなるのだから、投機有価証券で将来の安心を買おうとする必要が減り、投資性向を抑え、消費性向が向上することになります。消費性向のアップが好況への安定的な支えとなります。」

＜第４ステップの提案：労働分配率税＞

S：「次は、重要なポイントです。第2－1節の労働分配率税の提案です。」

G：「労働分配率を上げようという税制に、経済界が賛成してくれるかどうかは、我々のここまでの考察が、説得力があるかどうか、理解していただけたかどうかにかかっている。」

S：「第2章の第1節での振り返りで納得されるでしょう。賃金労働分配率のアップが、不況からの脱却の基本だということに同意していただければ、この労働分配率税の推進派になっていただけると思います。」

G：「この政策は、大きな社会実験だと思う。賃金労働分配率の引上げが、不況からの脱出には効果があるということが、国民の合意になってほしい。そのためには、この労働分配率税を、とにかく実行してみることが必要だ。」

＜第５ステップの提案：相続税の強化＞

G：「国民の同意が難しい政策が残っている。第2－4節で述べた相続税の強化だ。」

S：「貯蓄国債は相続税非課税としましたし、同族株式も、持株財団制への切り替えで相続税の対象から外すことができます。居住用の土地・建物などの生活用資産には5000万円以下非課税

にし、小規模事業用資産の土地・建物に対しても 5000 万円以下は非課税資産とするという案を出すことで、まとまらないでしょうか。」

G：「生活用の財産が、貯蓄国債とベーシックインカムで確保できれば、余分の財産は持株財団の所有に移して皆で管理するという財産所有の形態が理想だ。そういう共通の価値観をつくりたいものだ。」

S：「認定研究開発法人への出資等（第７ステップで提案）や増資引受株式（第８ステップで定義）や無利息国債といった優遇有価証券は、相続税についても軽課税資産とし、軽課税資産以外については、80%以上の相続税を課するということにすべきでしょう。」

G：「相続税の強化で、消費性向は確実に上がり、投機有価証券の増加も抑えられる。」

＜第６ステップの提案：ベーシック・インカム＞

S：「高所得の階層の持つお金を、低所得の階層に分配することで、高所得者の持っている遊休資産を、低所得者の消費に変えることができ、国全体の消費性向を上げることができます。この政策が、第 2−7 節の基礎所得配分（ベーシック・インカム）の制度です。」

G：「1200万円以上の所得の人の1200万円以上の金額の10％を、基礎所得基準額（月収15万円）未満の世帯に分配するという、ベーシック・インカム制度を提案した。災害やコロナのような疫病や経済恐慌が起きたときには、この金額以外に、他の財源からボーナスを追加分配することで、国民の最低限の生活を援助することができ、それによって、経済を回復させることができる。」

S：「ボーナスのベーシック・インカムは、不況経済の究極の救済策ですね。」

G：「この基本となるベーシック・インカムにも、所得1200万円超の67万人ほど、成人人口の1％未満の富裕層の協力合意が必要となる。経済の回復にはそれを支える資金が必要だということを、自分の既得権を失いたくないという気持ちを乗り越えて、理性で認めてほしい。」

＜第7ステップの提案：認定研究開発法人の優遇＞

S：「消費性向を上げるための将来的な対策としてまた労働分配率向上に寄与する政策として、第2-5節の研究開発の促進政策を提案しなければなりません。」

G：「国が認定研究開発法人を認定するシステムを作り、国が認定した研究開発社団・研究開発機構・その他の認定研究開発法

人に対する優遇政策を実行することだ。」

S：「優遇有価証券（認定研究開発法人への出資金や取得５年以内の増資引受株式や無利息国債）に対する相続税は軽課税率とし、投機有価証券に対する高い税率とは、差別をします。」

G：「次に、認定研究開発法人への寄付金への優遇税制だ。寄付した法人には全額損金経費とし、寄付した個人には全額税額控除として認めるという法人税・所得税の改正が必要だ。」

＜第８ステップの提案：投機有価証券保有税＞

S：「そして、新設法人への出資や増資に対する増資引受株や認定研究開発法人や無利息国債への優遇策として、第２章８節で考えた投機有価証券保有税があります。」

G：「優遇有価証券（認定研究開発法人への出資金や取得５年以内の増資引受株式や無利息国債）以外の有価証券を、投機有価証券と呼び、投機有価証券を有する法人には投機有価証券保有税を決算時に課税し、個人へは相続時に重課するという税制が必要だ。これによって税収の不足を補うという効果も生まれる。」

＜第 9 ステップの提案：短期有価証券取引税と短期有価証券譲渡所得税＞

Ｓ：「現在の金融資本主義経済において、いつ起こるかわからない金融バブルを防ぐことは難しく、金融バブルが起こると、そのバブルの崩壊でショックが起き、不況で国民生活が破壊されてしまいます。」

Ｇ：「第 1 ステップで提案した、国際有価証券取引税とともに、第 2−6 節の、短期有価証券取引税と短期有価証券譲渡所得税が、金融バブルの発生防止に有効だ。なによりも、有価証券の取引をけん制することは、消費性向を引き上げる効果が期待できる。」

＜国際間の経済ルールの確立＞

Ｓ：「以上の提案した税制に、国民の合意、特に企業や企業家の同意を得るためには、単一国での実現を考えただけでは困難な面があります。国際協調を進めるということが、前提としての必要条件です。」

Ｇ：「国際協調のためには、共通の基準を共有することが必要だ。」

Ｓ：「第 3 章で検討しましたが、一国のみで労働分配率を上げると、貿易収支が赤字になるという反論があります。貿易収支が赤字になりはしないかという危惧に対しては、新しい国際ルー

ルの原則で対応することで、クリアできるというのが、答えに
なります。」

G：「その新しい国際ルールの原則は、貿易収支が黒字の国は、
労働分配率や、消費性向などを改善して、個人消費を増やす義
務があるということ、逆に、貿易収支が赤字の国は、関税を上
げる権利を持ち、黒字国は関税を下げる義務を持つということ
を、お互いの確認事項として認め合うことだ。」

S：「国際的に認められなくても、一国だけでも先行することが
でき、そのときは一国だけの不況からの脱却、好況の持続が可
能となる。それをみれば、他の国も、我々の提唱する経済政策
が有効だということを認め、自国に取り入れることになるだろ
う。」

＜まとめ＞

S：「最後に、繰り返しになりますが、我々の提唱する経済政策
をまとめたいと思います。

まず、政策の基本原理、［労働分配率×消費性向］を、［消費財生
産割合］よりも大きくすることが、不況からの脱却のために必要
だという原理からの出発でした。」

G：「労働分配率を上げるために、労働分配率税（第２−１節）を
提言した。」

Ｓ：「最初は、各企業が労働分配率を上げれば減税をするという、インセンティブ税制として労働分配率を上げれば減税するという税制を提案していますが、統計データが蓄積されれば、基準の労働分配率を指標としてそれより低い企業には重課、高い企業には減税という税制で、指標を設定することで経済をコントロールすることも可能となるでしょう。」

Ｇ：「労働分配率とともに、もう一つの不況脱却の要素である消費性向を上げるために。ベーシック・インカムの制度（第２－２節）、貯蓄国債の制度（第２－３節）、相続税の強化と投機有価証券の重課（第２－４節）、そして、持株財団の制度（第２－６節）を提言した。これらにより消費性向を大きく引き上げることができる。将来的な消費性向をアップし、同時に現在の労働分配率もアップする政策として、研究開発の促進策（第２－５節）も提言した。」

Ｓ：「ベーシック・インカムは生活の最低限の消費を支えることで消費性向を上げます。当面受け入れやすい形の少額の世帯単位のベーシック・インカムを提案しました。」

Ｇ：「消費性向を上げるために提案した、貯蓄国債の制度（第２－３節）は、消費に回らず貯蓄や投資に回っていた資金を国債に変えるという仕組みだ。」

Ｓ：「投資資金として使われなかった余剰資金を国債に変え、財政支出消費に向けることができ、貯蓄国債という贈与税がかからない貯金が広がれば、消費性向を上がるでしょう。」

G：「研究開発の促進政策（第2−5節）の成果は、将来の新しい商品、新しい消費需要だ。」

S：「研究開発の促進で、将来の消費性向は上がります。そして、研究開発への投資は、すぐには留保利益を生み出しません。つまり現在の労働分配率のアップに寄与することになります。」

G：「そして、研究開発の促進政策として、有価証券を優遇有価証券と投機有価証券とに分けるという制度を提案した。」

S：「認定研究開発法人への出資金、増資引受株式、貯蓄国債を優遇有価証券とし、それ以外の投資有価証券と差別して、優遇するシステムの提案です。」

G：「そして投機有価証券を規制し、優遇有価証券に資金が集まるようにという税制を提案した。」

S：「短期有価証券取引税・短期有価証券譲渡税（第2−8節）、法人に対する投機有価証券保有税（第 2−5 節）、優遇有価証券以外の財産に対して相続税の強化（第2−4節）などです。」

G：「投機有価証券保有税は、法人が労働分配率引下げて投資に走らないようにというけん制でもある。」

S：「短期有価証券取引税、短期有価証券譲渡所得税などは消費性向を引き下げる要因である投資性向を上げないために提案されています。消費性向が満足のいく水準になれば、この規制は軽微なもので済むかもしれません。」

あとがき

　新経済学シリーズ No.4 として書かれた本書は、既出版の「わかりやすい経済の基礎理論から経済政策へ」(Amazon 通販で図書販売。Amazon kindle で電子書籍版) の第Ⅰ部〜第Ⅳ部の内の第Ⅳ部を書き直したもので、既出版の No.1 は、この第Ⅰ部を書き直したものです。第Ⅱ部は資本主義経済・金融資本主義経済の構造を解明したもので、第Ⅲ部は、好不況の発生構造のシミュレーションです。

　現代の経済では不況そして企業倒産がいつ起きるかもしれないという不安感と、商品が売れないという焦燥感が、あらゆる企業を長期的に支配しています。

　商品の需要がなくて売れないのに、企業は無理やり商品を売らなければ生き残れません。

　社会のために、人々に役に立つために働くという、健全な勤労意欲は否定され、自分の企業だけが生き残るために、儲け貯め込み主義が主張される社会に変わってしまっています。

　労働者は、企業の儲け貯め込み主義のために働くことを強制されます。売れないイライラした状態を続けることが労働者に強制されるのです。そして、貧富の格差の拡大は、弱者をみじ

149

めな精神状態に追い込んでいます。

　WHO（世界保健機関）は、世界でうつ病に苦しむ人が 2015 年に推計 3 億人以上に上がったと発表しました（日本経済新聞 2017.2）。これは全人口の約 4% に当たり 2005 年から約 18% 増加したとし、2015 年の 15〜29 歳の若年層の自殺の原因で 2 番目となっているとしています。

　ノイローゼになり、うつ病などの精神病になる労働者が増えているという現代の社会現象は、この長期的な不況とそこからくる儲け貯め込み主義、そして働きがいの喪失にその根本的な原因を見出さなければならないでしょう。

　適度な儲けは、経済をまわすために必要なことで、そういう意味で資本主義経済が優れたシステムであることは、多くの人々に認められていることですが、設備投資や開発投資に運用できる以上の儲けが生まれ蓄積されることで、消費需要は枯渇してしまうことになっています。今、資本主義経済は、瀕死の重体です。

　今求められていることは、設備投資や開発投資が適切にできるような、投資需要です。そのためには、その投資需要が生まれるための消費需要が生まれるシステムの構築です。つまり、労働分配率×消費性向を適切な水準まで引上げ、消費需要を増やすこと、そして税金や寄付を増やすことで公共の需要——地球環境の改善・災害対策や公共施設の充実などのための設備投資や開発投資を増やすこと、が必要だと思われます。

　生産能力があるのに、その能力から生まれた商品を消費する需要を生み出せない、現在の金融資本主義経済の仕組みを変革することができるかどうかは、国民の知性をいかに醸成し、有効な経済政策という力にまとめることができるかどうかにかかっています。あなたの知的行動力にかかっているのです。

　そこには限りない夢があります。若者に期待したいことは、その夢を実現してほしいということです。

　人間は、見たい現実しか見えない。これは、シーザーの言葉です。見たくない真実は見えないのです。しかし、王様は裸だ、という真実を見たあなたは、大きな声で、叫ばなければなりません。「王様は、裸だ！」

著者略歴

五藤榮一（ごとう・えいいち）

生年月日　1939 年 3 月 4 日

最終学歴　京都大学 1964 年卒業

職業　　　税理士

新経済学シリーズ No.4
不況・税・国債・福祉の経済政策
新経済原理によるユニークな景気対策

2023年9月30日発行 　　　　　著　者　**五 藤 榮 一**

　　　　　　　　　　　　　　　発行者　**向 田 翔 一**

発行所　　株式会社 22 世紀アート
　　　　　〒103-0007
　　　　　東京都中央区日本橋浜町 3-23-1-5F
　　　　　電話　03-5941-9774
　　　　　Email: info@22art.net ホームページ : www.22art.net

発売元　　株式会社日興企画
　　　　　〒104-0032
　　　　　東京都中央区八丁堀 4-11-10 第 2SS ビル 6F
　　　　　電話　03-6262-8127
　　　　　Email: support@nikko-kikaku.com
　　　　　ホームページ : https://nikko-kikaku.com/

印刷
製本　　　株式会社 PUBFUN

ISBN : 978-4-88877-255-6